アジア
ビジネス法務の
基礎

BUSINESS
LAW
FUNDAMENTALS IN
ASIA

インド
のビジネス法務

BUSINESS LAW IN ✈ INDIA

西村あさひ法律事務所／編

YUHIKAKU

「アジアビジネス法務の基礎」シリーズ の刊行にあたって

　日本企業にとってアジアの重要性は論を俟たない。ビジネス法務におけるサービス提供を本領とする当事務所は，アジアにおける日本企業の活動をビジネス法務面から支えることを最重要の使命の1つと位置づけている。特に2010年以降，アジア諸国にオフィスを設置し，人的・物的リソースを鋭意投入してきている。また，個々の具体的な案件におけるリーガルサービス提供に止まることなく，これらを通して獲得し蓄積した経験や知見を，世の中に還元することにより法律実務の発展に資するという事務所理念のもと，書籍や講演，ロースクールなどの教育機関での教鞭，政府委員会等への参画など，様々な態様での活動を積極的に行ってきている。

　今般，有斐閣から「アジアビジネス法務の基礎」とのタイトルのもと，アジア諸国のビジネス法務をシリーズで提供する機会を得た。まさに，上記の当事務所の本領と理念を発揮する場となる。

　執筆は，各国のビジネス法務の実務経験豊富な者が担当する。当事務所現地オフィスに駐在，当該国の制度上の理由等から当事務所現地オフィスの設置のない国についても，現地の法律事務所に駐在したり，当事務所現地オフィスで採用したりした各国の有資格弁護士などが，現地におけるクライアントの方々の日々直面する様々なビジネス法務問題について共に取り組んだ経験と知見に裏打ちされた真に役立つシリーズを企図している。
　このシリーズがその企図通りの評価をいただけることを謙虚に信じている。

　　2016 年 7 月

西村あさひ法律事務所

執行パートナー

弁護士　保 坂 雅 樹

目　次

本文中のインドの法令について

・本文中で出てくる法令名は，特にことわりのない限り，インドの法令を示す。
・主要な法令の略称は，下記のとおりである。

契約法	1872 年インド契約法（Indian Contract Act, 1872）
財産譲渡法	1882 年財産譲渡法（Transfer of Property Act, 1882）
会社法	2013 年会社法（Companies Act, 2013）
旧会社法	1956 年会社法（Companies Act, 1956）
破産倒産法	2016 年破産倒産法（Insolvency and Bankruptcy Code, 2016）
新消費者保護法	2019 年消費者保護法（Consumer Protection Act, 2019）
旧消費者保護法	1986 年消費者保護法（Consumer Protection Act, 1986）
産業紛争法	1947 年産業紛争法（Industrial Disputes Act, 1947）
労働組合法	1926 年労働組合法（Trade Union Act, 1926）
セクハラ防止法	2013 年セクシャル・ハラスメント（予防，禁止及び救済）法（Sexual Harassment of Women at Workplace（Prevention, Prohibition and Redressal）Act, 2013）
汚職防止法	1988 年汚職防止法（Prevention of Corruption Act, 1988）
情報技術法	2000 年情報技術法（Information Technology Act, 2000）
競争法	2002 年競争法（Competition Act, 2002）
民事訴訟法	1908 年民事訴訟法（Code of Civil Procedure, 1908）
刑事訴訟法	1973 年刑事訴訟法（Criminal Procedure Code, 1973）
仲裁法	1996 年仲裁・調停法（Arbitration and Conciliation Act, 1996）
外国為替管理法	1999 年外国為替管理法（Foreign Exchange Management Act, 1999）
日印租税条約	所得に関する租税に関する二重課税の回避及び脱税の防止のための日本国政府とインド共和国政府との間の条約

・法令の基準時については，原則として 2019 年 7 月末日時点とするが，その後のアップデートについて触れている箇所もある。

執筆者紹介

伊藤　真弥（いとう　まや）　パートナー
2002 年第二東京弁護士会登録

髙木　弘明（たかぎ　ひろあき）　パートナー
2002 年第一東京弁護士会，2009 年ニューヨーク州弁護士登録

鈴木　多恵子（すずき　たえこ）　パートナー
2006 年第一東京弁護士会登録

今泉　勇（いまいずみ　いさむ）　カウンセル
2006 年第一東京弁護士会，2013 年ニューヨーク州弁護士登録

和田　卓也（わだ　たくや）　アソシエイト
2012 年東京弁護士会登録

田代　夕貴（たしろ　ゆき）　アソシエイト
2017 年第一東京弁護士会登録

稲岡　優美子（いなおか　ゆみこ）　アソシエイト
2018 年第一東京弁護士会登録

伊藤　龍一（いとう　りゅういち）　アソシエイト
2018 年第一東京弁護士会登録

数井　航（かずい　わたる）　アソシエイト
2018 年第一東京弁護士会登録

八木　智砂子（やぎ　ちさこ）　弁理士
2012 年日本弁理士会，2017 年特定侵害訴訟代理業務付記登録

桑形　直邦（くわがた　なおくに）　パナソニック株式会社　弁護士
　（執筆時　西村あさひ法律事務所カウンセル）
2004 年第二東京弁護士会登録，2012 年ニューヨーク州弁護士登録

I

総　論

1 投資環境／進出動向

(1) インドの国家体制

インドの投資環境を概観するにあたり，まず，インドという国の成り立ちとその特徴について概説する。

(ア) 世界最大の民主主義国

第1に，インドは世界最大の民主主義国として，1947年の独立以来，一貫して民主選挙に基づく政権交代をしており，クーデタ等の混乱が生じたこともない。13億人という膨大な人口は，今後も増加し続ける見込みで，2027年前後には中国を超え世界最大の人口を有する国になると見込まれている[1]。その人口の内訳をみると，多数の人種／民族／宗教／言語を抱える多様性があり，合意による意思形成プロセスを重視してきた。

インド憲法は，民主主義を支える国家体制として，日本と同じ立法，行政，司法の三権分立による相互監視メカニズムをとっている。国家体制自体は，日本人にとってなじみのあるものであるが，90年代以降，多様化する政党を背景に，国政においても与党は少数政党との連立を常に余儀なくされ，その結果，利害調整と妥協が繰り返され，改革が進まないといった弊害もみられていた。

(イ) 連 邦 制

第2に，インドは，中央政府に加え，28の州と9つの連邦直轄地[2]からなる連邦制を採用している。州ごとに，或いは州内でも人種や言語が異なるという多様性を内包し，連邦議会と州議会の与党・政策が一致しないことも多い。

---

1) 国際連合「世界人口予測・2019年改訂版［United Nations (2019). World Population Prospects 2019］」。

2) 2014年6月に29番目の州となるテランガナ州が誕生し，2019年8月時点で29の州と7つの連邦直轄地が存在していた。インド政府は2019年8月6日，憲法370条により自治権が与えられていたジャンム・カシミール州を廃止し，同州をジャンム・カシミールと州東部ラダックの2つの連邦直轄地に分割する改正案を成立させた。同改正法についてはその違憲性を争う訴訟も継続しているが，法律が発効した2019年10月31日以降は28の州と9つの連邦直轄地が存在している。

　また，インド憲法は，連邦政府と州政府の管轄事項について，連邦のみの管轄とするもの，各州のみの管轄とするもの，そして両者の共同管轄とするものの3つに分類している。例えば，外交に関する事項，外国との取引，鉄道，高速道路，船舶輸送等は連邦管轄事項，土地，水，道路，橋等は州管轄事項，不動産の譲渡，労働者の権利保護・福利厚生，電気等は共同管轄事項とされている。これにより，州管轄事項となっているものについては，州ごとに法令の確認が必要となる等，特にインド全土に渡り事業展開を想定している企業にとって，各州の情報を得るのが大きな負担になることもある。また，共同管轄事項については，特に，次表に示すとおり，不動産関係，労務といった事業運営において重要な分野のルールが，連邦法と州法が入り交じるため非常に複雑になっている[3]。

憲法上の区分 (246条 Schedule 7)	連邦のみの管轄 (Union List)	州のみの管轄 (State List)	連邦と州の共同管轄 (Concurrent List)
代表例	外国との取引	土地の権利	（農地を除く）不動産の譲渡
	鉄道	水の供給，貯水等	労働組合，産業労働紛争
	高速鉄道	道路，橋	年金，労災等労働者の福利厚生
	船舶輸送	不動産，物品，消費等に関する税金	電気

　これに加え，連邦政府と州政府の政策に違いがあることが，外資系企業にとっての事実上のハードルになることもある。例えば，後記で述べる小売（retail）市場の外資系企業への開放は，インド国内の零細事業者保護の要請もあり，長年開放が見送られていたが，主に2011年から2012年にかけて相次いで規制が緩和された。もっとも，インド国内の事業者に対するインパクトが特

---

[3]　なお，連邦法と州法が抵触した場合，原則として連邦法が優先するが，当該抵触した州法について大統領が認証したときは当該州内に限って有効になる。

に大きいとされる複数ブランドの小売事業については，外資系企業の進出を認めるかという根本的な部分について，各州の意見が留保されている[4]。

㋒ 旧宗主国イギリスの影響

第3に，インドの制度は，旧宗主国であるイギリスの影響を強く受けている。第二次大戦後の1947年8月15日，インドはイギリスから独立を宣言したが，国の仕組みの重要な部分の多くをイギリスから受け継いでいる。

例えば，ビジネス交渉は英語で行われ，法律も英語で公布され，裁判も一定以上の審級では英語で行われるというのは外資系企業にとっては透明性が担保されているといえるが，他方，幾層にも渡る官僚構造は，非効率を生み出している。また，インドの法制は英国コモンロー（判例法系）に分類され，法体系，法制度，実務家制度もその大半をイギリスに倣っている[5]。主要な法律も多くがイギリスから輸入された結果，他のアジア新興国と比べても法整備は発展しており，重要な法令は基本的には全て成文法が用意されている。裁判所による法解釈においても，最高裁判所の判例が下級審裁判所に対する拘束力を有する。法曹実務家も総じて十分な数が揃っている。

(2) 近時の日印関係の動向

2011年2月，両国間の往復貿易額の約94%について協定発効後10年間で関税を撤廃することを意図して，日本・インド包括的経済連携協定が署名され，同年8月に発効した。インドは日本からの輸出品のほとんどに対して高関税を課していたが，同協定による関税撤廃により，輸出促進だけではなく，製造業中心の我が国進出企業の自由な調達活動が可能となった。

2014年8月，モディ新首相は，総選挙後の主要国の外遊先として初めて日本を訪問した。政治・安全保障，経済・経済協力，人的交流・学術交流及び地

---

4) 2017年統合版FDI政策の時点で，総合小売業の参入に合意している州や連邦直轄地は次のとおり。アンドラ・プラデシュ州，アッサム州，デリー準州，ハリヤナ州，ヒマーチャル・プラデシュ州，ジャンム・カシミール州，カルナータカ州，マハラシュトラ州，マニプール州，ラジャスタン州，ウッタラカンド州，ダマン・ディウ連邦直轄地，ダードラ・ナガルハベリ連邦直轄地。

5) そのため，同じ歴史的背景を持つシンガポール，マレーシア，ミャンマー等の法制と共通する部分もある。

域情勢，グローバルな課題の各分野について意見が交換され，同年9月1日，「日インド特別戦略的グローバル・パートナーシップのための東京宣言」と題する共同声明に署名した。

2015年12月，安倍首相が訪印しモディ首相と首脳会談を行い，共同声明「日印ヴィジョン2025特別戦略的グローバル・パートナーシップ，インド太平洋地域と世界の平和と繁栄のための協働」に署名がなされた。同ヴィジョンにおいては，政治，安全保障，経済，文化，人的交流の分野において，インド太平洋地域の平和，安定，発展のために共に取り組むことが盛り込まれているとともに，インフラにおいてはムンバイ～アーメダバード間で日本の高速鉄道技術（新幹線システム）の導入及び鉄道技術協力を行っていくことに関し，覚書が署名された。

2016年11月，モディ首相が訪日し安倍首相と首脳会談を行い，日印原子力協定が締結された。当該協定は2017年7月20日に発効しており，インドの原発市場への日本企業の参入が可能となった。

2017年，高速鉄道整備計画が始動し，同年9月には，グジャラート州にて新幹線開発プロジェクトの起工式が開催された。当該プロジェクトは，同州最大都市であるアーメダバードとムンバイ間の500 km超の距離に12の新幹線駅を設けるというものである。総事業費は2兆円規模であり，ムンバイでは中心の開発地区バンドラ・クララ・コンプレックス（BKC）に新幹線の発着駅を設置することを決めた。

近時日本はインドに対して円借款による開発支援を活発に行っており，例えば2018年10月29日には，東京において，日印首脳会談の後，安倍首相及びモディ首相の立会いの下，「ムンバイ・アーメダバード間高速鉄道建設計画（第二期）」（上記新幹線計画にかかるもの）他6件の円借款の供与（供与限度額合計3164億5800万円）に関する書簡の交換が行われた。

一方，2019年2月に発生したカシミール地方でのインド軍とパキスタン軍の衝突を巡っては，日本はインド・パキスタン両国が対話を通じて事態を安定化させるよう要請する外務大臣談話を発表している。

(3)　日系企業のインドへの進出状況

　2018年12月時点，在インド日本国大使館進出日系企業リストによれば，インドに進出している日系企業の数は1,441社（5,102拠点）である。この10年で進出企業数は約3倍近くに増加しており，近年も安定して増加している。また，株式会社国際協力銀行（JBIC）が毎年行っている調査[6]によれば，2018年度の調査結果において，インドは長期的（今後10年程度）に最も有望な国として9年連続で選ばれているとともに，2016年度には中期的（今後3年程度）に最も有望な国としても選ばれている（2018年度は中国に続き第2位）。

(4)　日系企業の進出先

　インドは，日本の約9倍という広大な国土面積を有しており，またそれぞれの州において外資系企業の優遇施策，物流等地理的環境，インド地場企業の産業分布等の多様性がある結果，日系企業の進出先も，特定の都市に集中することはなく，分散している傾向にあるが，大きく，デリー・その近郊のインド北部と，バンガロール・チェンナイといったインド南部に大きく2つに分けられる。

㋐　首都デリー，ハリヤナ州（グルガオン）

　デリーは政治・行政の中心地である一方，隣接するグルガオンがビジネスの中心地として存在感を増しており，多くの日系企業のインド本社が所在している。グルガオンを擁するハリヤナ州は自動車産業の集積する主要工業地域であり，在インド日本国大使館進出日系企業リストによると，州別の日系企業数において最多の24社が進出し，インド進出日系企業全体の約3割を占める。

　製造業ではノイダ・ニムラナの工業団地への進出が増加している。

　また，デリー・ムンバイ間産業大動脈構想（DMIC：Delhi-Mumbai Industrial Corridor），具体的には，デリーとムンバイの間（約1500 km）に，貨物専用鉄道（円借款4500億円）を敷設し，周辺に，工業団地，物流基地，発電所，道路，

---

6)　株式会社国際協力銀行作成にかかる「わが国製造業企業の海外事業展開に関する調査報告——2018年度　海外直接投資アンケート結果（第30回）」。

港湾，住居，商業施設などのインフラを民間投資主体で整備する日印共同の地域開発構想に伴うさらなるインフラ整備にも期待が集まっている。

㈑　マハラシュトラ州（ムンバイ，プネ）

　ムンバイは，経済・商業の中心地であり，日系企業では商社，金融機関，アドバイザー，販売子会社の進出が中心である。ボンベイ証券取引所やSEBI（インド証券取引委員会）があり，金融レギュレーションの観点からも重要な立地と言える。

　一方，プネは，同州における製造業の中心地として，州政府による日系専用の工業団地の計画も進められている。また，2015年9月には日本の経済産業省とマハラシュトラ州政府は，同州の産業協力に関する覚書に署名し，工業団地やスマートシティ開発を含むインフラ整備等について協力を進めることで合意している。

㈒　タミル・ナドゥ州（チェンナイ）

　インドのデトロイトと呼ばれる自動車産業の集積地である。古くからの港町として海運の要衝となっている。インド洋の要衝スリランカにも近接している。

　下院選挙後は従前の州与党AIADMK（全印・アンナ・ドラヴィダ・進歩同盟）の基盤がより強固になっており，2016年の州議会選挙でもAIADMKが234議席中134議席を獲得し，2期連続で与党となった。2019年5月には補欠選挙が行われ，最大野党のドラヴィダ進歩連盟（DMK）はAIADMKが獲得した9議席を上回る13議席を得たものの，野党の合計議席数が過半数に届かず，政権交代は行われなかった。

㈓　カルナータカ州（バンガロール）

　インドのシリコンバレーと呼ばれるIT産業の集積地である。通称ガーデンシティと言われるほど，通年20℃後半台という快適な気候もあり，在留邦人も増加傾向にある。在インド日本国大使館によれば，2016年10月時点でカルナータカ州に進出している日系企業の拠点数は476で，2008年から4倍以上に増えている。

海に面していないため港湾設備がなく物流は陸運となるが，州政府は誘致に積極的である。特に，バンガロールとチェンナイという2大都市圏を結ぶ「チェンナイ・バンガロール産業回廊」（CBIC：Chennai Bengaluru Industrial Corridor）については，2011年に日印政府が共同推進について合意し，2015年に国際協力機構（JICA）の委託を受けたプライスウォーターハウスクーパース，日本工営株式会社によりマスタープランの策定が行われている。

㈲　グジャラート州（アーメダバード）

モディ首相の出身地であり，モディ首相が州知事時代，日系企業をはじめとする外資系企業の誘致や，州の経済成長に成功した。このモデルを国政にも広めることが期待される。インドの中でも特に商人気質の強い地域とも言われる。

今後の日系企業の進出が最も注目される州であり，マンダルに日本企業専用工業団地が整備されている。自動車産業に加えて，化学，製薬産業も成長が見込まれる。DMICの中継点として，また，港湾設備，中東・アフリカへの輸出拠点としても期待が集まっている。

2 法制度／政治動向

(1) インドの法制度・実務の特徴

(ア) 非常に複雑

　連邦政府と州政府の二重の規制に加えて，高度に官僚化した縦割りの行政組織が存在する結果，法規制の境界がクリアになっていない部分が多い。また，当局による法解釈もガイドライン等によって明確にされないことも多い。

　例えば，憲法上連邦と州の共管事項とされている労務については，連邦法だけでも 40〜60 近くあるといわれ，それに加えて各州法も確認しなければならない[7]。また，税法も複雑で，特に州をまたぐ製品の取引に課される各種間接税の計算が非常に複雑でビジネスの阻害要因となっていた。もっとも，2017年 7 月に各種間接税を一本化するための新しい税体制（GST：Goods and Service Tax）が導入され，物品税や付加価値税等の 17 の税（Tax）及び福祉等特定目的の 23 の課税が GST に統合され，この点についてのビジネス環境は一定程度改善されている。

(イ) 政治の影響を受けやすい（改正に時間がかかる・突然施行される）

　依然としてイギリス統治時代あるいは独立直後の法律が多数残っている。近時，法改正が順次行われているが，これまでの多くは連立政権に留まること，単独政権でも上院と下院にねじれがあること等を理由になかなか法案を通せない状況にあった。その結果，国会の度に改正案が上程されるものの，審議不十分で廃案となることも少なくない。

(ウ) 一部に先進的な法律を含む

　インドの法制には，一部ではあるが先進的な内容も含まれている。

　例えば，2014 年に施行された新会社法には，一定規模の大企業に対する女

---

7)　ただし，連邦の労働関連法令については法令の統合等による簡素化が進められようとしている。詳細は Ⅲ 3(1)(ウ)を参照されたい。

性取締役や独立取締役の設置義務，企業の社会的責任（CSR：Corporate Social Responsibility）に関する義務を定めており，また，2005 年に施行された特許法には，一定の要件を満たす特許に関して特許権者の意思に反して政府が申請者に対して使用権を認める強制実施権の制度が定められており，現に当該実施権が利用された実例も存在している（強制実施権については，特に製薬業の分野において，先進国の特許権者と新興国の貧しい患者の間でどのように利害調整を図るか，という難問を抱えている）。また，女性の権利意識の高まりを受け，2013 年 4 月にセクシャル・ハラスメントを防止するための 2013 年職場におけるセクシャル・ハラスメント（予防，禁止及び救済）法（The Sexual Harassment of Women at Workplace（Prevention, Prohibition and Redressal）Act, 2013）が施行されている。

　なお，インドには新興国の中では一通りの制定法が揃っているように思われるが，日本にあってインドにない制定法については，例えば，営業秘密の漏えいに対して刑事罰を規定する不正競争防止法，個人情報保護法等が挙げられる。

㈑　法制度と実務の乖離

　新興国一般の特徴と言えるが，先進国に比べると，法律が字義どおり守られていることは多くなく，むしろ全く無視されてしまっているような局面に出くわすことも少なくない。他方で，インドでは，税務や競争法の分野など，当局が極めてアグレッシブな法執行を行う分野も存在する。

　国民の遵法意識，公務員の汚職等，様々な背景があるものの，世界各国で展開を図る外資系企業にとっては，コンプライアンスの観点から，実際に事業を行う際には非常に悩ましい問題となる。

㈒　裁判の長期化

　インドは米国同様かそれ以上の訴訟社会である。そして，インドの裁判はとにかく時間がかかる。新興国の中では相対的には裁判官の汚職の問題は大きくないと認識されているが，事件の数に対して裁判官の数が足りていないのがその主たる理由である。報道によれば，インド全国の高等裁判所では 4000 万件以上の事件が係属しており，今のペースでの案件処理では既存案件の処理に 200 年以上を要するとさえいわれ，膨大な数の未処理案件の滞留により，裁判

所による紛争解決は機能不全に陥っていると言わざるを得ない。その結果，第1審だけでも結審までに5年を超えることは稀ではなく，また，最高裁まで争われるような事案は解決まで20年を超えることも珍しくない。

　また，インドでは，税務訴訟も非常に多いといわれていることも特徴である。

　外資系企業としては，訴訟遅延を回避する方法やインド国内裁判以外の紛争解決方法を検討する必要がある。

㋕　最高裁判所への信頼

　前記のとおり，インドの裁判は極めて長期化するため日系企業にとっては実務的な紛争解決手段としては利用しにくいものの，判決の内容，特に最高裁の判決の内容については，他の途上国と比較すると，公平で妥当なものが多い。また，インドの実務家及び国民からの信頼も厚い。

(2)　インドの総選挙と近時の状況

㋐　2014年の政権交代

　2014年5月に行われた5年に一度のインド連邦下院総選挙において，モディ氏が率いるインド人民党（Bhāratīya Janatā Party）（以下「BJP」という）は，単独過半数獲得という歴史的勝利を収めた。このニュースは，インド内外に強いインパクトを与えており，新しいインドが動き出したとして，ビジネスチャンスと受け止められている。モディ首相は，就任後，「インドでものづくりを（"Make in India"）」をキーワードに，製造業を中心に，外資系企業によるインドへの投資について積極的な誘致活動を行っている。さらに2019年5月に行われたインド連邦下院総選挙において，モディ氏が率いるBJPは2014年の選挙と同様に過半数を獲得して圧倒的勝利を収め，議席を20以上増やした。

　ただし，引き続き，連邦上院ではBJPは過半数を下回っている。また，インドの地方議会では，地域政党等の勢力が大きく，依然としてBJPが多数ではない州も多い。その意味で，モディ氏の強いリーダーシップがあったとしても，新しい政策の実行には越えるべきハードルが多い。また，BJPの公約のうち，前記の複数ブランド小売業への外資開放に対しては国内の小規模小売事業者保護の観点から，凍結の見込みも示されており，このような保護主義的な動

きにも留意が必要である。

㈑　汚職防止とキャッシュレス社会の構築

　2016年11月8日，モディ政権は500ルピー及び1,000ルピーの2紙幣の無効化と新紙幣の導入を突如発表した。当初は紙幣の交換を求める市民が銀行窓口に殺到し混乱も生じたが，票の買収等選挙の不正が常態化していたインドにおいて，当該政策はブラックマネーの追放に一定の効果があったとされる。

　また，政府は紙幣廃止に併せて，生体認証データベース（11億人規模）及びモディ政権が2014年以降国民に開設させた銀行口座（預金残高は2017年4月時点で1兆円を超える）を利用した電子決済プラットフォームBHIM（BHIM：Bharat Interface for Money）を導入した。これを機にデジタル決済によるキャッシュレス社会の進展とフィンテックの普及が進むとみられている。

⑶　インドの弁護士

㈎　弁護士資格

　インドの弁護士法（Advocates Act, 1961）上，インドで弁護士となるには，日本の司法試験のような厳格な資格試験はなく，弁護士資格は法学部を卒業すれば取得でき，少額の登録料を納付すれば弁護士登録ができる。法学部を有する大学は全国に約900あるため，インドでは毎年約4〜5万人の弁護士が新たに誕生し，インド全土では数百万人の弁護士が存在するとも言われているが，正確なところは定かではない。もっとも，120万人というアメリカの弁護士数をはるかに超える数の弁護士が存在することは明らかであり，そのような膨大な数も影響してか，弁護士という職業は，社会的に特別視される職業ではない。

　弁護士の質の維持を訴える世論等を受けて，2011年3月，All India Bar Examinationと呼ばれる初の全国統一弁護士資格試験が，2009〜2010年度の法学部卒業生を対象として全国各地で実施された。もっとも，この試験合格による資格は法廷代理人活動をする場合にのみ必要で，それ以外の弁護士業務活動には不要と考えられているため[8]，必ずしも弁護士になろうとする卒業生全員

---

8)　全国統一弁護士資格試験の受験資格も，弁護士法に従いまずはAdvocateとして登録をすることが要件となっている。

が受験しているわけではない。またこの資格要件は，上記年度以前の卒業生には適用されないため，依然として，インドの大半の弁護士は，一定の試験によって選別されることなく業務を行っていることになる。

　なお，この全国統一弁護士資格試験は，約3時間の試験時間内に，基礎的な法知識及び法的思考力を試す100問の選択マーク式問題をこなすもので，論文式試験は含まれていない。出題範囲は，所定のカリキュラムに従い，憲法，契約法，刑法，民事・刑事訴訟法等の基礎法学が対象であるものの，教科書や条文，自身のノート等資料の持込は禁止されていないようである。初回の試験は，同時点で同試験受験資格を有する約2万人の卒業生のうちの3分の2が受験し，約71％が合格したと報道されている。

㈠　法廷弁護士

　英国を旧宗主国とする歴史的経緯により，インドでもかつては法廷に立って弁論することを専業とする法廷弁護士（Barrister）と，法廷には立たない法律事務弁護士（Solicitor）という公的な区別が存在していた。インドの独立後，当該区別は公式には廃止され，Advocateの資格を有する者は，弁護士資格登録州に限られず，全国どの裁判所においても訴訟代理活動をすることが可能であるが，今も法廷における弁論のみを仕事とするSenior Counsel/Senior Advocateという職位が存在する。

　弁論の専門性・裁判官への説得力という観点では，法廷代理活動を本業とする弁護士に代理させる方が訴訟戦略上得策とされることも多く，特に高等裁判所や最高裁判所ではこれらの法廷弁護士が起用されて弁論に立つことが多い。

㈡　弁護士事務所

　インドの弁護士事務所は，多数の弁護士を抱え複数の国内拠点を持つ大規模事務所，インフラ・知財・税務等特定の分野に特化したブティック型の事務所や，比較的安価な報酬で幅広く対応する中小規模の事務所等，非常に多様である。労働市場が流動的であることを受けて，法曹界においても，有力なパートナー弁護士とそのチームが他事務所に移籍することや，独立開業することも少なくない。

　インドの大規模事務所は，その多くがデリー，ムンバイ，バンガロール，コルカタといった大都市に拠点を持っている。近時は外国投資家の動きに対応する形で，チェンナイやアーメダバード，ハイデラバードなどにも新たな拠点が設けられている。日系企業に特化して対応するチーム又は窓口を擁する事務所もある。

　弁護士報酬については，特に外国企業を扱うような事務所ではタイムチャージ制が一般的である。パートナー，アソシエイト等の役職にかかわらず，統一的な時間単価（blended rate と呼ばれる）を用いて報酬を計算することも行われている。また，デリー，ムンバイ，バンガロール等の大都市以外での作業が必要な案件となる場合，担当弁護士の移動にも費用がかかり得ること，また案件の性質と地域によっては当該ローカル言語対応が必要となるため，当該地域の弁護士の起用が望ましい場合がある。

㈌　弁護士の職域

　インドの弁護士は，基本的に法律に関連する事項を幅広く扱うが，例えば，会社法のコンプライアンスに関する要件，当局に提出する書類等の実務に関しては，会社秘書役（Company Secretary）の方が精通している場面も少なくない。もちろん弁護士は法律の解釈に基づく助言を提供するが，各地域ごとに特有なルールも含め，会社の日常的な法務面に関しては，会社秘書役との連携が必要になる。

Ⅱ

進　　出

1　事業体比較

(1)　拠点設立の方法

　外国会社がインドに拠点を設立する場合には，大きく分けて，①法人格とし
ては日本企業のまま「駐在員事務所」，「支店」又は「プロジェクトオフィス」
を開設する方法，②独資又は合弁で現地法人を設立する方法，③有限責任組合
(LLP) を設立する方法がある。

　右記の図表に示すとおり，①の形態はいずれも [1]，これまでは，承認取引者
カテゴリーⅠ銀行（Authorised Dealer Category I Bank）を通じてインドの中央銀
行であるインド準備銀行（RBI：Reserve Bank of India）から設立認可を取得する
必要があったが，2016 年 5 月より，開設許可の権限が承認取引者カテゴリー
Ⅰ銀行に委任されている [2]。また，①の形態はいずれも事業活動の範囲が限定
されること，適用される法人税の実効税率が高いことから，インドで継続的に
ビジネスを行ううえでは適さないことが多い。一方，有限責任組合 (LLP) は，
配当税における税務上のメリットが指摘されることがあるが，外国直接投資が
100％ 可能な事業分野に限定され，実務がまだ定着していない面もある。

　以上から，一般に，インドで継続的にビジネスを行うのであれば，現地法人
の設立が最適な事業体であると考えられる。

(2)　駐在員事務所

⑦　概　要

　駐在員事務所は，主にインドにて本格的な事業を行うに先立ち，情報収集目
的で設立される。関係法令により駐在員事務所に認められた活動は次頁のとお
りである。

---

1)　一定の要件を満たすプロジェクトオフィスについては，RBI への事後報告で足りる。
2)　2016 年 5 月 12 日付けの RBI の通達（A. P.（DIR Series）Circular No. 69）。

外国会社による拠点設立の方法の比較

	駐在員事務所	支　店	プロジェクトオフィス	現地法人	LLP
RBIの事前承認	必要	必要	一定の場合不要	不要，ただし外資規制に服する	外国直接投資が自動承認ルートで100%許容され，かつ，FDIにリンクしたパフォーマンス条件が課せられていない分野については自動承認ルート。その他は必要
活動範囲	一切の営業活動不可	インドでの製造・加工活動等は不可。一定の営業活動のみ	特定のプロジェクトに関する活動のみ	定款に従う	Limited Liability Partnership Agreement に従う
経　費	全額本社送金のみ，現地借入不可	本社送金又は現地営業活動での所得による	本社送金又は現地営業活動での所得による	現地借入可	現地借入可能。対外商業借入不可
法人税率（実効税率)3)	N/A	43.26%	43.26%	34.61%4)	34.61%（パススルーは認められない）

- インド国内における本社又はグループ会社の代理5)
- インドの輸出入の促進

---

3)　上記表の記載は，課税対象所得1億ルピー超の場合における実効税率である。課税対象所得が1000万ルピーを下回る場合にはサーチャージが課されないため，実効税率が2〜3%程度下がる。
4)　基準年度の総売上が40億ルピー以上である場合。
5)　駐在員事務所では一切の営業活動が行えないものとされているため，ここでの代理は市場情報などを（代理して）提供するような行為に限られる。例えば，本社を代理して契約交渉・締結するといった行為も，営業活動に該当してしまうため行えないことに留意が必要である。

> ・　本社又はグループ会社とインドの会社との間の技術上又は財務上の提携の促進
> ・　本社とインドの会社との間のコミュニケーション窓口

(イ)　税務リスク

　駐在員事務所を通じて現地で長期間活動していると，税務当局により，駐在員事務所を設立した海外法人の恒久的施設（PE：Permanent Establishment）であると認定され，当該営業に関してインドでの納税義務が生じる場合がある。

　日印租税条約 5 条 1 項により，恒久的施設とは，「事業を行う一定の場所であって企業がその事業の全部又は一部を行っている場所」をいうものと定義されている。また，同条 6 項は，例えば，「企業のために物品若しくは商品を購入し又は情報を収集することのみを目的として，事業を行う一定の場所を保有すること」や「企業のためにその他の準備的又は補助的な性格の活動を行うことのみを目的として，事業を行う一定の場所を保有すること」等は，恒久的施設には含まれないものと規定している。しかしながら，インドの税務当局は，本来非課税とされるべき外国企業の駐在員事務所を恒久的施設であると判断して積極的な課税を試みる場合があり，その判断基準が明確ではないことが問題視されるケースがある。

　恒久的施設に該当するかどうかは，基本的に，本社の主たる事業活動の一部を構成するか，又は各事業に関連した準備的又は補助的な活動に過ぎないのか等により判断されることとなる。例えば，韓国企業の駐在員事務所が本社の利益幅の範囲内で購入価格の確定や契約締結権を有し，自ら宣伝活動に従事していたケースでは，駐在員事務所が本社の代理人として販売価格を決定し，契約を締結し，注文の獲得を行う権限を有していたものとして，カルナータカ州高等裁判所は，当該駐在員事務所は外国法人の恒久的施設に該当すると判断した（Jebon Corporation 事件）。

(3)　支　店

　支店は，駐在員事務所と異なり，一定の営業活動を行うことができる。関係法令により認められた活動は以下のとおりである。

- 商品の輸出入
- 専門的又はコンサルティングサービスの提供
- 本社が従事する調査活動の実行
- インドの会社と本社又は海外のグループ会社の間の技術上又は財務上の提携の促進
- インド国内における本社の代理又は販売代理店としての行動
- インド国内における技術情報及びソフトウェア開発に関するサービス提供
- 本社又はグループ会社の製品に関する技術サポートの提供
- 航空及び海運業

⑷ プロジェクト・オフィス

㋐ 概　要

　特定のプロジェクトに関し，当該プロジェクトに関連し又はこれに付随する活動をするため一時的に設立される事業拠点である。通常，大規模な建設や土木工事，インフラストラクチャーの整備といったプロジェクト実施のために設立される，いわば期限付の支店である。

㋑ メリット

- 認可が得られるまでの期間が支店・駐在員事務所設立の場合より短いことが多い。
- 設立に関する実績要件，資産要件は特に設けられていない（支店，駐在員事務所の設立要件には，日本の会社について連続した利益計上実績・一定額以上の純資産要件充足が求められる）。
- プロジェクト終了後インドからの撤退が当初から想定されている進出形態であるため，撤退の際には，現地法人撤退の場合と比較して通常大きな困難を伴わない（ただし，全保有資産の売却換価，負債の完済，全従業員の解雇等の手続を踏む必要はある）。従業員との関係でも，当初から期限付であることが前提とされているため，雇用契約解消の際にトラブルに発展しにくい。

(ウ)　デメリット

- 目的が当該プロジェクトに限定されるため，他のプロジェクトを同一のオフィスで受注することはできない。
- 資金供給は，①海外からインド国内への送金，②二国間又は多国間の国際融資機関からの供給，又は③外国会社の契約の相手方であるインドの会社が，当該プロジェクトのためにインドの公的金融機関又は銀行から得た資金（ターム・ローン）によりなされる必要があり，④インドの銀行からの独自の借入は認められていない。経費については，自らの所得（プロジェクト受注の対価）でも賄うことができるが，インドの銀行からの独自の借入は同様に認められていない。
- 本国への利益の送金は，原則として，オフィスの閉鎖後，RBI からの許可取得を経て初めて可能となる。
- インド国内で獲得した所得に対し，実効税率約 43％ の所得税が課される（インドの税務上「恒久的施設」に該当し外国会社の一部として取り扱われ，現地法人形態（約 34％）より高率である）。
- 法令に従い，年次ベースでの報告を含む当局への各種報告義務が課されている。

(5)　現地法人

(ア)　構成員（株主）に対する責任による区別

　インド会社法上，その構成員（株主）の負う責任により，①株式有限会社（company limited by shares）（構成員の個人責任が，当該構成員が保有する会社の株式の未払額（もしあれば）に限定），②保証有限会社（company limited by guarantee）（構成員の個人責任が，定款に記載された当該構成員が会社の清算の際に会社資産に対して出資することを引き受けた額に限定），③無限責任会社（unlimited company）（構成員の責任は無限）に分類される。

　もっとも，特別な業種の企業を除き，インドにおいて売上を上げる活動を行おうと考える日系企業が現地法人を設立する場合には，一般的形態である①の株式有限会社のみを検討すれば基本的に足りると考えられる。

(イ)　公開会社と非公開会社の区別

　インド会社法上，日本法とは若干異なる概念として，公開会社（public company），非公開会社（private company）という区分が存在する。この概念は所謂上場（listed company），非上場会社（unlisted company）とは異なる概念である。

　非公開会社とは，定款上，①株式の譲渡制限，②株主数を2人以上200人以下，取締役数2名以上とすること[6]，③会社の証券引受けのための公衆への勧誘の禁止を規定している会社とされている[7]。

　一方，公開会社とは，非公開会社でない会社をいうとされている[8]が，それに加えて，みなし公開会社規制というものにも注意が必要である。これは，非公開会社ではない会社の子会社は，定款上は非公開会社の要件を満たしていても，インド会社法上の公開会社とみなされ，公開会社としての規制を遵守しなければならない，という規制である。

　具体的な影響として，公開会社である場合には，非公開会社である場合に比べて大規模な事業が想定されており株主・債権者も多数に及ぶことが想定されているため，会社法が規定するガバナンスに関する規制（特に権限を持つ取締役を監視監督する機能を有する規制）が強化されている点に注意が必要である[9]。

　なお，みなし公開会社規制に関して，旧会社法上は，外国会社はインド法上の非公開会社の要件を満たすことができず，外国会社がインドとの合弁を行う際にマジョリティをとろうとすると，必然的に合弁会社がみなし公開会社になってしまうという論点が存在した。この点については新会社法施行後，インド企業省が，完全子会社であるか否かを問わず，外国会社の子会社にはみなし公開会社規制の適用がなく，非公開会社として子会社を設立することが可能であることを示す通達を出したことにより，上記の論点の検討は不要となった。

　ただし，旧法下でみなし公開会社の適用があることを前提に，定款上も公開

---

6)　旧会社法では50人以下とされていたが，新会社法ではこの点で非公開会社の範囲が拡大されている。

7)　2015年会社法改正により，払込済株式資本10万ルピー以上との最低資本要件が撤廃された。

8)　2015年会社法改正により，払込済株式資本50万ルピー以上との最低資本要件が撤廃された。

9)　新会社法では，旧会社法に比べ，非公開会社が遵守すべきガバナンスの基準が高められた結果，非公開会社であってもかなりの多くの場面で公開会社と同様の厳しい基準に従わなければならないこととなった。これに関しては，実務上の声を背景に，規制を緩和するものとして，関連当事者取引規制の緩和や取締役会権限の拡大等非公開会社への規制を緩和する企業省告示（2015年6月5日施行）が出されている。詳細については，[Ⅲ 1(2)(ア)]を参照のこと。

会社として設立された子会社については，（定款変更等による非公開会社化の手続を踏まない限り）新法においても公開会社として存続するため，必要に応じて定款変更の手続を検討する必要がある。

㋒　一人会社

会社法上，非公開会社であっても最低2名の株主を必要とする。したがって，仮に完全子会社をインドに設立する場合でも，ごく少数の株式を，別のグループ会社や取締役となる個人等の名目的株主（ノミニー株主）に保有させる必要があった。

新会社法では，非公開会社の最低2名の株主という要件は残しつつ，株主1名のみで設立可能な一人会社（One Person Company）が導入された。一人会社では，ガバナンスに関する要件が非公開会社よりも緩和されており，より簡易な事業体として外資企業でも利用できることが期待されていた。もっとも，新会社法の施行規則において，一人会社を設立することができる者が，「インド国籍を保有し，インドに居住する自然人」に限定されたため，外国会社が完全子会社を設立する目的で一人会社という制度を利用することはできなくなっている。

ただし，インドにおいては，最低株主数要件を満たすために形式的にごく少数の株式を別の人の名義で保有させること（いわゆる名義株主）が広く利用されており，外国会社が一人株主を利用できないとしても，事実上の不都合はそれほど大きくない。

(6)　有限責任組合（LLP）

㋐　概　要

2009年3月に有限責任組合法（Limited Liability Partnership Act, 2008）が施行され，2011年5月には有限責任組合への外国直接投資が条件付きで認められ，この形態による拠点設立も可能となった。

同法に基づく有限責任組合には，配当分配時の法定準備金に制限がなく，配当分配税も課されない等のメリットがある。また，有限責任組合法というよりは有限責任組合契約による内部的なガバナンスに服することになるため，他の

会社形態と比較してより柔軟なガバナンス体制のもとで会社運営を行うことができる点も大きなメリットである。他方，インド税法は，LLP に対する課税につき，34.61％ の税率で事業体レベルで行われるよう規定しており，パススルー課税の選択はできない。

　従来，設立可能とされる事業分野が外国直接投資が 100％ 認可されるものに限られており，また，対外商業借入（External Commercial Borrowings，ECB ローン）の禁止等の制約があり，LLP の使い勝手はよくなかった。しかし，近時，外国直接投資が自動承認ルートで 100％ 許容され，かつ，FDI にリンクしたパフォーマンス条件が課せられていないセクターについては，自動承認ルートで設立が認められるようになった[10]。

　なお，LLP に関しては，2011 年 12 月末時点では約 7,500 社ほどの登録であったが 2019 年 8 月時点で約 150,000 社以上の登録がなされており，ここ数年で急増している。上記の LLP に係る各規制緩和も受けて，LLP の登録数はさらに増加する可能性がある。

(イ)　LLP 法による規制

　組合員相互間及び LLP と各組合員間の関係には，LLP 契約に合意のない限り，LLP 法別紙 1 のデフォルトルールが適用される。もっとも，当該内容は非常に簡素であり，実務上は，ビジネス面の合意を丁寧に LLP 契約に反映させることが肝要である。

　LLP 自体は，LLP 契約締結及び登記局への設立書類の提出後，登録手続が完了して設立証書が発行された時点で法的に成立する。LLP 契約に基づく各パートナーへの出資は，設立証書発行後，LLP 名義の銀行口座が開設されてから，実際には行われる。なお，LLP 契約が LLP の設立よりも前に調印される場合，LLP 設立後，各組合員により，LLP 契約が追認される必要がある。

　法令上，LLP では，最低 2 名の自然人の指定組合員（Designated Partner）（そのうち 1 名はインド居住者）が必要となるが，全ての組合員が法人であれば，法人の指名した（組合員ではない）個人が指定組合員になることが可能とされる。

10）　インド準備銀行（RBI）による外国為替管理法（Foreign Exchange Management Act, 1999）20/2000 の附則 9 に関する通達（No. 385/2017）。

2　外 資 規 制

(1)　外資規制の全体像

㋐　外資規制に関連する諸規則

インドへの外国直接投資（FDI：Foreign Direct Investment）を行う場合，最初に法律面で注意すべきは，外資規制である。インド非居住者が株式を通じてインドに投資する場合，FDI 規制を遵守しなければならない。

国内産業を発達させるために外資による投資を誘致する方向で，規制を緩和しようというのが基本線のアプローチであるもの [11]（もっとも，タバコ製造業等，近時規制が強化されている分野も一部存在する），産業ごとに外資規制の内容は異なる。FDI 規制は，非常に頻繁に変わるため，常に最新の情報をチェックする必要がある。加えて，FDI 規制以外の事実上の留意事項として，連邦政府がFDI 規制を緩めたものの，州によっては，外資企業にとって事実上非常に厳しい規制が残っていることもある。

FDI に関する規制として，具体的には，インド商工省（Ministry of Commerce and Industry）が定期的に作成・改定する統合版外国直接投資ポリシー [12]（Consolidated FDI Policy）（以下「FDI ポリシー」という）に従い，インド準備銀行（RBI：Reserve Bank of India）への事後届出（自動承認）や，管轄省庁からの事前承認取得が必要になる場合がある。そして，FDI ポリシーにおいては，①外国直接投資が全面的に禁止される分野，②政府の事前承認を取得すべき分野（政

---

[11]　例えば，従前は，2005 年 1 月 12 日以前にインド企業との資本・技術提携を実施したことのある外国企業がインド国内の同じ産業分野で別の投資を行う場合，外国投資促進委員会（FIPB）の事前承認の取得が必要とされていた。これにより，インド企業と一度合弁をした外国企業は，FIPB の事前承認を得るために旧合弁相手からの承諾書（No Objection Letter 又は No Objection Certificate といわれる）を取得する必要があった。そのため，当該承諾書取得の交渉が事実上の障害となり，外国企業にとっては，競業避止義務がかけられているのと似たような状態にあったが，当該規制は 2011 年 4 月に廃止されている。

　また，技術共同契約により Local sale の 5％ 及び輸出の 8％ を超えるロイヤリティー又は 200万米ドルを超える一括支払のロイヤリティーを送金するためには RBI の事前承認が必要とされていたが，この規制も 2010 年に廃止されている。

[12]　2019 年 8 月時点での直近の FDI ポリシーは，2017 年 8 月 28 日発効の FDI ポリシーである。

府承認ルート）及び③自動承認を受けることのできる分野（自動承認ルート）が
それぞれ規定されている。

㈠　外国直接投資が禁止される分野

　まず，外国直接投資が全面的に禁止される分野については，外国企業による
以下の産業分野への直接投資が禁止されている。

- 宝くじ事業（政府・民間の宝くじ，オンライン宝くじ等を含む）
- 賭博及び賭け事（カジノ等を含む）
- チットファンド業（chit fund）：一定数の個人が契約により出資し，集まった
  出資金を抽選等により賞金として分配するファンド
- ニディカンパニー（Nidhi Company）：特定の個人から預金を受け入れ，宝石
  その他の財産を担保に金銭を貸し付けることを目的とするインド会社法上の互
  助金融会社
- 譲渡可能な開発権（Transferable Development Rights（TDR））の取引業
- 不動産事業又は農場（Farm Houses）の建設（ただし，不動産事業には，タウ
  ンシップの開発，住宅・商業用建物，道路や橋梁の建設，並びに 2014 年イン
  ド証券取引委員会（不動産投資信託）規則に基づく登録・規制を受ける不動産
  投資信託を含まない）13)
- タバコ製造業
- 原子力，鉄道輸送等，民間部門による投資に開放されていない活動・産業分野
  （ただし，鉄道輸送事業の中でも都市部での大量高速輸送は民間に開放されて
  いる）

　宝くじ事業，賭博及び賭け事に関しては，フランチャイズ，商標／ブランド
名，経営管理の契約によるライセンス方式を含む，どんな形態の外資による技
術上の競業が禁止されることが明記されている。
　なお，タバコ製造業については，2010 年に規制強化により FDI が禁止され
ることになった。規制強化により外資が閉め出された数少ない分野であると言

---

13)　2018 年 1 月の FDI ポリシーの改正により，不動産仲介業は不動産事業に該当しないことが明
　　確化された。

える。

㈦　政府承認ルート

　次に，政府事前承認制度（Government Route）は，FDI ポリシーにおいて示された外資の参入に一定の制限を付した事業に妥当する（いわゆる，「ネガティブ・リスト」制）。ネガティブ・リストで認められた範囲を超える投資を行う場合には，各監督省庁の事前の承認を得ることが必要となる。ネガティブ・リストの詳細については，インド政府商工省（Ministry of Commerce and Industry）による最新の FDI ポリシーを確認する必要がある。

㈣　自動承認ルート

　自動承認制度（Automatic Route）は，限定列挙された事業分野に該当しない事業分野について，原則として，RBI に対する事後届出のみで 100％FDI をすることができる。インド政府の規制緩和政策にともなって，自動承認が認められる産業分野は年々増加している [14]。

　自動承認制度におけるインド内国会社の義務として，会社設立地域を統括する RBI の支店に対して，RBI の承認取引機関（Authorised Dealer）である民間銀行を通じて①海外から国内への送金実施から 30 日以内に報告すること，及び②外国投資者に対する株式発行日から 30 日以内に報告フォームを提出すること，の 2 つの義務が課されている。

⑵　事業セクターを問わず適用される一般的な規制

㈎　FDI 規制の適用範囲

　普通株式に加え，完全強制転換負債（fully, compulsorily and mandatorily convertible debentures and warrants），完全強制転換優先株式（fully, compulsorily and mandatorily convertible preference shares）も FDI 規制の対象になる。発行時に，転換価格又はその公式が定められなければならず，また，転換価格は外資規制上の公正な価格を下回ることはできない。

---

14)　例えば，2018 年 1 月の FDI ポリシーの改正により，単一ブランド小売業（Single Brand Retail Trading）などについて，100％FDI が認められることになった。

また，既存株式の譲渡及び新株の引受けいずれの取引の場合にも適用対象と
なる。

㈠　RBI の事前承認

居住者が非居住者にインド法人株式を発行又は譲渡する際，①発行価格又は
譲渡価格がプライシング・ガイドラインズに沿っていない場合，又は②譲渡価
格の後払い（deferment of payment of the amount of consideration）に関する取引が行
われる場合，当該取引の実行に先立ち，RBI の事前承認が必要となる。

㈡　コア投資会社

インド企業の資本への投資活動のみを行う会社（コア投資会社）に対して外
国直接投資を行う場合，投資の額／性質にかかわらず，政府の事前承認が必要
とされる。コア投資会社に適用される RBI の規制（事業内容の定期的な報告等）
も存在するため，コア投資会社は，それにも従わなければならない。コア投資
会社から他のインド企業への投資は，後記の事業分野ごとの規制に沿って行わ
れなければならない。

なお，コア投資会社は，インフラ関係の企業がインド国内のプロジェクトご
とに投資を行う際に利用される。

㈢　ダウンストリームインベストメント

外資系企業がインド国内の法人を通じて間接的に FDI を行う場合，ダウン
ストリームインベストメントという形で外資比率が計算され，FDI 規制の対象
となる。

具体的には，当該インド国内法人が居住者に「保有且つ支配」（owned and
controlled）されていれば，当該インド国内法人がインドの別法人に投資した部
分は，外資比率ゼロとして計算されるが，当該インド国内法人がインド非居住
者により「保有又は支配」（owned or controlled）されている場合，当該法人がイ
ンドの別法人に投資した分は，全て外資持分として計算される。すなわち，間
接持分を計算する際，各法人の持分比率を掛け合わせる，ということは行われ
ないので注意が必要である。ここでいう「保有」とは，経済的に資本の過半数

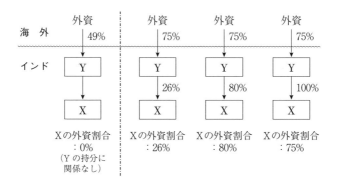

を保有することを意味し,「支配」とは,取締役の過半数を指名する権利,又は株主若しくは経営者として,株主間契約若しくは議決権行使契約により経営又は方針の決定を支配する権利を含む(「支配」の定義は,新会社法の定義と整合性がとられている)。

　例えば,インド国内の法人Yを通じて別のインド法人Xに70%分,外国直接投資を行う場合,Yの外資割合が50%以下であれば,YからXへの投資の外資割合はゼロとして扱われる。一方,Yの外資割合が75%であれば,YからXへの投資の外資割合は,75%と扱われる(ただし,例外があり,XがYの完全子会社である場合は,Xの外資割合は,Yの外資割合と等しいとみなされ,この例では75%と扱われる)。

㊗　審査機関

　各監督省庁[15]は,投資額が500億ルピー以下の投資提案に関し,DIPPが規定するStandard Operating Procedureに基づき検討を行う。一方,投資額が500億ルピーを超える投資提案については,当該監督省庁が経済事項に関する内閣委員会(CCEA:Cabinet Committee on Economic Affairs)に検討を諮ることになり,同委員会が検討を行う。

---

15)　各監督省庁については,FDI規制4.1.1に規定され,例えば炭坑については鉱業省(Ministry of Mines),民間航空については民間航空省(Ministry of Civil Aviation)等と規定されている。

㈎　違反した場合の制裁

　FDI 規制に違反した場合，違反に関する金額を計算できるときは当該金額の3倍まで，当該金額を計算できないときは[16] 20万ルピーまでの罰金が科される。また，違反が継続的なものである場合，違反が起きた日から一日当たり5,000ルピーの更なる罰金が科される。

　また，法人が FDI 規制に違反した場合，当該法人自体に加え，当該違反が起きた際の会社の事業運営に責任のあった全ての個人も当該違反を犯したとみなされ，訴追される。

(3)　事業分野ごとの規制

　以下，事業分野ごとに関連規制を概説する。FDI 規制に記載された内容だけでは個別事案へのあてはめが容易でない場合も少なくない。なお，当局に照会する場合，所定のフォームを利用することが求められている。

㈎　流 通 販 売

　流通・販売関係は，インド国内の小規模零細事業者保護という要請もあり，政治的な論点になりやすいことから，外資の必要性自体は認識されつつも外資への開放が比較的遅れていたが，近時，順次開放が進んでいる。

① 　卸売業（Wholesale Trading）

　卸売事業は，既に 100% 自動承認ルートにより認められている。cash & carry と呼ばれる方式のみが認められており，FDI を受けた卸売業者が販売できる相手方は，自ら事業を行うライセンスを持っている法人や小売を行う法人等に限定されている。卸売かどうかであるかの分水嶺は，取引量や事業の大きさではなく，顧客の性質であると明記されている。この方式により，実際にいくつかの外資企業が既に卸売事業に参入している。

② 　単一ブランド小売業（Single Brand Retail Trading）

　小売事業についてはより厳格に制限されていたが，単一ブランド（自社ブランドで製品を販売するアパレル・スポーツ用品など）の小売業については，2018 年

---

16)　例えば，FDI 規制の実体要件は満たしているものの，RBI に対する報告を所定の期間内に行わなかった場合である。

1月の FDI ポリシーの改正で 100% 自動承認ルートによることが認められた。同改正前から，単一ブランド小売業を営む会社に対して 51% を超える FDI がなされている場合，調達額の 30% 以上をインド国内の事業者（中小零細事業者（MSME）が望ましい）から 30% 以上を仕入れなければならないとの要件が課されていたが，この要件は引き続き残っている。なお，本改正において，単一ブランド小売業を営む会社がインド国外に居住する主体である場合，最初の店舗の開業から 5 年間は，当該会計年度のインド国内からの調達額が前会計年度におけるインド国内からの調達額を上回れば，前述の国内調達基準の充足に代替できるものとされている。ただ，この代替要件は開業から 5 年までの適用であり，5 年経過後は毎年国内調達基準を充足しなければならない。さらに，2019 年，FDI ポリシーの一部規制緩和が決定された。具体的には，かかる 30% のインド国内調達について，インドからの輸出用に生産される商品の原材料の金額も算入できることになり，かつ，アウトソース先の企業がインドから原材料を調達する原材料の金額も算入できることになった。

　単一ブランドという用語に関しては，国際的に使用されているもの（インド以外の 1 以上の国において同じブランドが使用されているもの）であり，製造過程においてブランドを付された商品のみをカバーするという説明はあるものの，単一ブランド小売という用語が対象とする事業の範囲は直接的には定義されていない。

③　複数ブランド小売業

　これに対し，日本でいうスーパーやコンビニ，家電量販店のような，複数のブランドの商品を消費者向けに販売する複数ブランド小売については，より厳しい要件の下，51% までの FDI が政府承認ルートにより認められている。(a)最低投資額 1 億米ドル，(b)投資額を分割払いする場合の最初の支払は少なくとも最低投資額 1 億米ドルの 50% 以上でありこれはバックエンドインフラ投資[17]に充てられなければならない，(c)価額にして最低 30% の商品の仕入れ

---

17)　バックエンドインフラ投資とは，フロントエンドユニットへの設備投資に支出されるものを除く，全ての活動に必要な設備投資を含むとされている。また，一例として，加工，製造，流通，設計変更，品質管理，包装，物流，保管，倉庫，農業市場製造インフラ（agriculture market produce infrastructure）等が含まれる。土地や賃貸の費用は含まれない。

はインドの中小零細事業者（工場・機械の投資総額が 200 万米ドル以下）[18] から行わなければならない，(d) 2011 年の国勢調査時点で 100 万人を超える人口を持つ都市又は州政府が許可した都市でのみ店舗を開設できる等，様々な条件が付されている。

　これに加え，インドの各州・直轄領は，複数ブランド小売への FDI を認めるかどうかの同意権を有しており，実際にこれに同意しているのは，以下の一部の州・直轄領に限られている。

1. Andhra Pradesh
2. Assam
3. Delhi
4. Haryana
5. Himachal Pradesh
6. Jammu & Kashmir
7. Karnataka
8. Maharashtra
9. Manipur
10. Rajasthan
11. Uttarakhand
12. Daman & Diu and Dadra and Nagar Haveli（Union Territories）

　もっとも，現時点で未だ外資系企業が複数ブランド小売を開業するのは非常に困難で，特に(c)中小零細事業者からの 30% 以上の調達義務がビジネス上は大きい負担である。すなわち，FDI 規制が想定する規模の大規模小売店となると，当然に十分な量の商品の安定的な調達が欠かせないところ，世界的な大手小売業に対して品質・数量ともに安定供給できる会社はもはや中小零細事業者とは呼べず，他方，中小零細事業者からの調達に固執した場合，日用品などは

18)　中小零細事業者の要件は，設備投資額に基づいて判断され減価償却は考慮せず，また，最初に当該事業者を選定した時点で要件を満たしていればそれで足りる（その後事業者の事業の成長によって要件を満たさなくなっても問題ない）とされている。

十分な量を確保できず，その結果適切な価格で商品を提供できないおそれがあり，ビジネスとして成り立たない可能性がある。

④　電子商取引（e-commerce）

　電子商取引（e-commerce）も卸売（企業・企業間（B2B））について 100% 自動承認ルートにより認められている。また，在庫を持たないマーケットプレイス型の企業・消費者間（B2C）電子商取引も 100% 自動承認ルートにより認められている。マーケットプレイス型電子商取引とは，電子商取引事業者が，情報技術を元にしたプラットフォームを提供する商取引をいう。電子商取引事業者は，デジタルネットワークで構築されたプラットフォーム[19]上で，売主と買主の取引の場を提供することになる。他方，在庫保有型の電子商取引は依然として FDI が認められておらず，マーケットプレイス型電子商取引を行う電子商取引事業者も販売を目的とした商品の在庫を持つことはできない。

　なお，電子商取引事業者は，会計年度における売上高の 25% を超える売上げをマーケットプレイスに出店している 1 社又はそのグループ企業から得てはならない。さらには，マーケットプレイスを運営している電子商取引事業者は，直接間接に商品又はサービスの販売価格に影響を及ぼしてはならず，かつ，出店者間の公平な条件を維持しなければならない。

㋑　製造業

　製造業については，セクター毎のキャップその他の条件がある場合を除き，原則 100% まで外資系企業は投資することができ，事前の政府承認は必要とされていない。また，製造業者は政府承認なしに，電子商取引を含む小売・卸売のいずれの方法でも販売できる。さらに，貿易分野に関する FDI 規制にかかわりなく，インドで生産された食品を電子商取引の方法で販売する場合には，政府承認ルートで 100% まで外資が認められる。なお，2019 年 8 月の閣議にて，委託製造についても製造業の対象となることが明確化された。

---

19)　デジタルネットワーク（digital & electronic network）には，コンピュータネットワーク（network of computers），テレビチャンネル（television channels）や，ウェブサイト（web pages），エクストラネット（extranets），モバイル端末（mobiles）等の自動化されたインターネットアプリが含まれる。

㈦　物 流 業

　物流事業は，外国投資が完全に禁止される分野にも条件付きで認められる分野にも含まれていない。したがって，物流事業を行うインド企業に対するFDIは，外資出資比率100％まで，事前の政府承認なしに可能である。

　なお，物流事業に隣接・関連する事業のうち，定期航空輸送サービス（Scheduled Air Transport Service）へのFDIについては，49％までは自動承認ルート（事前の政府承認不要），それを超えるFDIは政府承認により可能とされている。これらの外資規制との関係では，対象会社の現在の事業内容を正確に確認する必要がある。

㈡　サービス業

　FDI規制上明示的に条件が課されている分野（放送，印刷メディア，通信（Telecom）等）を除き，原則として100％自動承認ルートにより投資が可能である。

　通信（Telecom）セクターにおけるFDIは，100％自動承認ルートによる投資が可能である「その他サービス提供者」（Other Service Providers）を除き，情報通信省（Department of Telecommunications）から随時通知される条件を遵守しなければならない。

㈢　金　融

　民間銀行については，外国機関投資家（FII）又は外国ポートフォリオ投資家（FPI）による投資を含む74％までの投資が可能であり，49％までが自動承認ルート，それを超える場合が政府承認ルートである。また，保険については，保険規制開発庁（Insurance Regulatory & Development Authority）からのライセンス取得及び1938年保険法の規定の遵守を条件に，49％上限の自動承認ルートとされている。

㈣　医療・薬事関係

　新設企業（グリーンフィールド）に投資する場合は100％自動承認ルートだが，既存企業（ブラウンフィールド）へ投資する場合は74％以下は自動承認ルートで，74％を超える場合は，プレスノートの条件付き政府承認ルートとされて

いる。また，この分野に関しては，特段の事情があり（under special circum-stances）政府の承認を得た場合でない限り，競業避止義務条項が原則として禁止されている。

　医療機器の製造については，グリーンフィールド及びブラウンフィールド投資ともに100％自動承認ルートとなっている。なお，後記のとおり，特許権の分野においても新薬の特許権を有する先進国の製薬メーカーからすると不利と思われる規制や裁判例が存在するため，その点にも留意が必要である。

　一方，例えば，医療機器の輸入販売，病院経営等に関する明示の外資規制は設けられていないことから，100％自動承認ルートによる投資が可能であると考えられる。

㈎　資源，空港，防衛関係

　鉱山開発，石炭，石油，天然ガスなどの資源部門，航空会社[20]，空港運営などの空港関係，防衛部門は，FDIポリシーにおいて，それぞれセクターごとに規制されている。他方，例えば，発電事業や道路事業には外資規制上の明示の制約はないため，100％自動承認ルートにより投資が可能である。また，2019年8月の閣議にて石炭と褐炭の販売，採掘及び関連活動について100％自動承認ルートの投資が可能と決定された。

　なお，インドのインフラ開発においては，PPP（官民パートナーシップ）等の方法が採られる場合も多く，この場合，通常（外資内資の区別なく），政府と投資家によって設立されたSPV（special purpose vehicle）の間で，開発するプロジェクトに関するコンセッション契約（Concession Agreement）を締結し，当該Concession Agreementにおいて，インフラ開発の対象となる事業，事業における収益構造，政府の補助金，開発プロセス，各プロセスにおける責任／リスク分配等が詳細に規定されることが多い。

---

20)　2018年1月のFDIポリシーの改正により，それまで禁止されていたインド国有航空会社（Air India）に対しての出資につき政府の事前承認があればインド国有航空会社に対し49％までの出資が認められることとなった。

⑦　建設開発・産業団地

　前記のとおり，不動産事業は原則として外資系企業には禁止されているが，インフラ整備のための資金がないインドにおいて，タウンシップ，都市・地域のインフラ，住居，商業施設，ホテル，リゾート，病院，道路と橋，教育機関，娯楽施設に関する土地開発・建物建設プロジェクト及び産業団地に関しては外資系企業に頼って整備していかざるを得ない面もあるため，一定の条件の下，100％自動承認ルートにより認められている。

⑧　鉄　道

　従来は禁止されていたが，上限比率を100％とする自動承認ルートとしてFDI が認められた。ただし，鉄道省のガイドラインを遵守する必要があり，また，防衛の観点から配慮の必要な地域に49％を超える FDI を行う場合，ケースバイケースで，鉄道省が内閣防衛委員会（Cabinet Committee on Security）に回付し検討されることになる。具体的には，鉄道事業に関する以下のものに関する建設，運営及び保守事業が対象となる。

- PPP を通じた地方回廊プロジェクト
- 高速鉄道プロジェクト
- 貨物専用鉄道
- 鉄道を含む車両
- 鉄道電化
- 信号システム
- 貨物ターミナル
- 旅客ターミナル
- 鉄道に隣接し付随する工業団地におけるインフラ
- 大量高速輸送システム

⑨　防衛産業

　従来の26％から49％を上限に自動承認ルートとして FDI が認められている。なお，当該 FDI 実施により，防衛産業に最先端の技術が導入されている

ことや，その他に規定される目的を達成することを条件に，政府承認ルートで
49％超の投資も可能とされている。

(4)　プライシング・ガイドラインズ（Pricing Guidelines）

　FDI 規制においては，インド居住者の利益を確保するためのプライシング・
ガイドラインズ（Pricing Guidelines）という株式の取得・売却価格に関する規制
が存在する。具体的な内容については，Ⅱ 4(2)(ア)を参照されたい。

(5)　ECB規制

　インド企業による海外からの借入は ECB（External Commercial Borrowings，対
外商業借入）と呼ばれ，主に外国為替管理法（FEMA：Foreign Exchange Manage-
ment Act）及びインド準備銀行（RBI）が発行する External Commercial Borrow-
ings, Trade Credit, Borrowing and Lending in Foreign Currency by Authorised
Dealers and Persons other than Authorised Dealers（「ECB マスターディレクショ
ン」）が規律する，いわゆる ECB 規制に従う必要がある。

　具体的な内容については，Ⅲ 8(1)(ア)を参照されたい。

(6)　外資優遇策

　現在，インドでは日本の投資家を特に対象とした一般的な優遇措置は存在し
ない。

　一方，特定の経済特区（special economic zones）において輸出志向型企業のた
めの優遇措置が存在する。特別経済区（SEZ）とは，輸出・雇用振興を目的に，
免税などの各種優遇措置を適用する「みなし外国地域」のことを指す。2006
年 2 月に発効した経済特区法（The Special Economic Zone Act, 2005）（SEZ 法）及
び経済特区規則（The Special Economic Rules, 2006）（SEZ 規則）（その後の修正を含
む）は，SEZ の開発企業及び入居企業に対して，一定の要件を満たしているこ
とを条件に，最大 15 年間の法人税減免，原材料・部品の輸入関税免税，さら
に物品税，サービス税，中央売上税の免税措置などを規定している。

　また，ソフトウェア企業は，ソフトウェア・テクノロジー・パーク（software
technology park）プログラムに参加することにより，一定の便益を得ることがで

きる。さらに，いくつかの州政府は，該当する州に投資をする投資家に経済的
利益を付与する補助金（州の特定の産業政策という形式による）を提供しており，
最近の例の1つとしてはグジャラート州がある。

(7)　輸出入取引

　外国貿易（開発及び規制）法（Foreign Trade（Development and Regulation）Act,
1992）によれば，インドにおける商品の輸入者は，当局から，輸出入コード
（IEC と呼ばれるもの）の発行を受ける必要がある。また，同法に基づき公布さ
れた外国貿易ポリシー 2009〜2014 年版（Foreign Trade Policy, 2009-2014）によ
れば，統一システムに基づくインド取引分類（ITC（HS））が定める商品分類ご
とに，輸入に関する制約の有無が定められている。

　また，関税法（Customs Act, 1962）及び関税定率法（Customs Tariff Act, 1975）
は，関税に関する義務及び手続並びに関税率について一般的な規制を定めてい
る。関税法 14 条において，関税賦課の基準となる金額は，原則としては取引
価格であるが，関連当事者取引において独立当事者間価格ではないと判断され
た場合，同法の定める規制により価格が算定される。関税定率法により，通常
の関税率に加え，他の税目に代わる関税が課されることもある。

3　法人新設による進出

(1)　全 体 像

　インドに現地拠点を持つにあたり最も端的な方法は，会社法に基づいて非公開会社を設立する方法である。以下では，最も標準的な，非公開の株式有限会社の設立手続について概説する。

(2)　定　　款

　会社法上，基本定款（Memorandum of Association）及び附属定款（Articles of Association）という 2 種類の定款がある。

(ア)　基 本 定 款

　会社法の末尾の Table A に，基本定款の標準ひな形が規定されている。基本定款には，会社名，住所，会社の目的，資本金が記載される。実務上は，会社の目的について非常に事細かに記載がされる傾向にあるため，基本定款の大半は会社の目的部分が占めることが多い。

(イ)　附 属 定 款

　会社法の末尾の Table F に，附属定款の標準ひな形が規定されている。日本の定款に比べると詳細な規定が設けられており，日本の実務における取締役会規則や株式取扱規則等の各種社内規則も取り込んだ内容に相当するものとなっている。

(3)　商　　号

　インド法上，非公開会社の商号には Private Limited，公開会社の商号には Limited を付すことが必要である。

⑷　法人設立手続

　現地法人の設立には，概要，電子署名認証（Digital Signature Certificate）（以下
「DSC」という）の取得，取締役識別番号（Director Identification Number）（以下
「DIN」という）の取得，商号承認申請，会社設立申請という4段階を踏む必要
がある。

　法人設立を管轄する行政機関は，インド企業省（Ministry of Corporate Affairs）
（以下「MCA」という）及びその下位機関である会社登記局（Registrar of Compa-
nies）（以下「ROC」という）である。

㋐　電子署名認証の取得

　電子署名認証とは電子的な署名登録であり，日本でいえば印鑑登録が電子化
されたものに相当する。インドにおいて，政府当局に書類をオンラインで提出
する場合，必ず当該書類の名義人のDSCを貼付する必要があることから，ま
ずはこの認証が各取締役について必要となる。

　DSCを取得するためには，DSCの作成と認証登録を代行する専門の登録委
託業者に依頼することになる。登録委託業者を決定後，当該登録委託業者の個
人用のDSC申請フォームに，必要事項を記入し，①パスポートのコピー及び
かかるコピーがパスポートの真正な写しであることを宣誓する英文の宣誓書，
②住居証明となる書類（住民票，戸籍，電気料金の請求書，電話料金の請求書，運転
免許証のコピー，水道料金の請求書，ガス料金の請求書等），その英訳及び英訳が正
確である旨の誓約書などの必要書類を添えて提出する。添付書類について，公
文書の場合は外務省においてアポスティーユの付与を，私文書については公証
役場で公証とアポスティーユの付与を受ける必要がある。申請書類の内容に不
備がなければ，申請書類の提出から通常1週間前後で，登録委託業者から
DSCが交付される。

㋑　取締役識別番号の取得

　取締役識別番号とは，インド企業省及び会社登記局が，会社の取締役を番号
によって識別するために各取締役個人に対して付与する番号で，会社ではなく

個人としての取締役に付与される。

　DIN の取得には，インド企業省のウェブサイトにおいて DIN-3 Form をオンラインで提出し，記載内容や添付書類に不備がなければ，数日から 1 週間程度で，申請者に対して DIN が与えられる。なお，DIN-3 Form には，同フォーム記載事項の真正等を確認した確認書（Verification）が必要であり（Form DIR-4），また提出前に上記添付書類とともに公証役場において公証及びアポスティーユの付与が必要となる。

㈡　商号承認申請

　会社設立登記前に，設立しようとする会社の商号の承認を申請する必要がある。

　商号承認申請は，インド企業省のウェブサイトにおいてオンラインで提出することにより行い，記載内容や添付書類に不備がなければ，数日から 10 日程度で，商号が承認される。この際，取締役となるべき者による DSC の貼付が必要となる。希望商号は最大第 6 希望まで申請することができるが，他の登録済商号に類似していたり，商標を侵害するような商号とすることはできない。他に，添付書類として，①（株主が法人である場合）会社設立を決議する取締役会の当該法人のレターヘッド付議事録のコピー（英語ではない場合はその英訳も添付），②コピーが真正であること及び英訳が真正であることの Declaration，③親会社又はグループ会社の商号の一部を利用させる場合，当該親会社又はグループ会社による，商号利用を認める旨の当該親会社又はグループ会社のレターヘッド付取締役会議事録（英語ではない場合はその英訳も添付），④親会社又はグループ会社による No Objection Letter（商号利用に異議がない旨のレター）が必要となる。いずれの書類も，公証役場で公証とアポスティーユの付与を受ける必要がある。

㈢　会社設立申請

　商号承認が得られた後，当該承認された商号を用いて，インド企業省のウェブサイトにおいて，取締役となるべき者による DSC を貼付したうえで，申請書及び必要書類をオンラインで提出することにより，会社設立申請を行う。

インドにおける現地法人設立手続の流れ（非公開株式有限会社）

DSC 及び DIN の取得
↓
商号承認
↓
会社設立申請
↓
会社設立証明書の取得
（Certificate of Incorporation）
↓
取締役会を登記日より 30 日以内に開催
（会社法 173 条）
↓
出資者からの資金払込，株式の発行
（払込完了に関する Form INC-21，登録地に関する Form INC-22 の提出）
↓
営業開始

　具体的には，Form INC-7（申請書），Form INC-8（設立手続代理人による会社法遵守宣誓書），Form INC-22（会社の所在地），Form INC-9（取締役等の宣誓書），及び Form DIR-12（取締役等の詳細）を提出し，①株主又はその代理人による署名がなされ，さらに立会人による署名がなされた基本定款及び附属定款，②（弁護士，コンサルタント等に設立手続を代行してもらう場合）委任状，③（非公開会社の場合）取締役就任につき異議がない旨の同意書を添付書類として提出する。他の手続同様に添付書類はいずれも，公証役場で公証とアポスティーユの付与を受ける必要がある。記載内容や添付書類に不備がなければ，1～2 週間前後で，設立証明書（Certificate of Incorporation）が発行される。

　この後，引受株式の全額の払込みがなされた旨を取締役及び会社秘書役等が証した Form INC-21（及び，一時的な会社登録地を定めていた場合には，確定的な登録地を申請する Form INC-22）が ROC に提出されたことをもって，事業を開始することができる。なお，設立証明書取得後，会社が実際に活動を開始するに当たっては，基本税務番号（Permanent Account Number）（以下「PAN」という）を取得し，銀行口座を開設する必要があること，株式発行から 30 日以内に Form FC-GPR により直接投資の報告書を RBI に提出する必要がある。

4　M&A による進出

(1)　は じ め に

　M&A による進出の最大のメリットは，既存のインド事業を一度に手に入れられる，すなわち「金で時間を買う」面にある。もっとも，日系企業による特に海外企業の M&A の成功例は一般的に少ないと認識されており，特にインドにおいてはその難しさが意識されている。

　以下特筆しない限り，M&A による進出において実務上一般的な株式譲渡の事案における買主の視点を前提に説明する。具体的には，まず M&A に適用される重要な法規制（後記(2)）について述べ，続いて，M&A における実務上の流れ（後記(3)），M&A 契約の概要（後記(4)）について概説する。その後，株式譲渡以外のスキーム（後記(5)）について簡単に紹介した上で，最後に，インド人売主を相手とする M&A の実務上の留意点（後記(6)）について付言する。

(2)　M&A に適用される重要な法規制

(ア)　外 資 規 制

① 　プライシング・ガイドラインズ

　インド居住者・非居住者間において，インド法人の株式の取得に関する取引を行う場合，居住者に不利な取引とならないよう，価格規制が存在し，これがプライシング・ガイドラインズ（Pricing Guidelines）と呼ばれている。これは，1999 年外国為替管理法の下位規則に基づき，「公正な価格」よりもインド居住者が不利な取引価格となる場合，当該取引には，インド準備銀行（RBI）の事前承認が必要となる，という規制である。

　そして，「公正な価格」については，まず，対象会社が上場会社の場合，(i)直近 26 週の各週次株価終値平均又は(ii)直近 2 週の各週次株価終値平均のいずれか高い方の価格となる。非居住者が買主となる場合にはこれら以上の価格で買わない限り，非居住者が売主となる場合にはこれら以下の価格で売らない限り，インド準備銀行（RBI）の事前承認が必要となる。

　次に，非上場会社の場合の「公正な価格」とは，従前，Discount Cash Flow（DCF）法により算定された価格のみが許容されていたが，2014年7月の規制緩和により，「国際的に認められた価格算定方法による」という基準に変更されている。ただし，具体的にどのような場合に当該基準を満たすことになるのかについて指針等は存在しないため，実際上は，特定のインド勅許会計士又は商業銀行が「国際的に認められた価格算定方法」であるという意見を示す限りにおいて，DCF法以外の株価算定方法も許容されるようになったと理解されている。

　一方，売買当事者が双方インド居住者間，又は双方インド非居住者間の場合，プライシング・ガイドラインズの適用はない。

　実務上は，非居住者がインド法人株式を購入する際，当事者間の交渉の結果，相当程度のプレミアムが支払われることが少なくないため，プライシング・ガイドラインズの適用はあまり問題にはならない。逆に，非居住者がインド法人株式を売却する際（すなわち，インド投資から撤退する局面）では，プライシング・ガイドラインズの適用により（インド準備銀行の事前承認を得ない限り）売却価格の上限が定められてしまい，非居住者にとっては不利な状況を甘受しなければならない局面もあり得る。

② 自動承認ルートの事後届出

　外資規制上，政府の事前承認を要しない類型の取引であっても，居住者・非居住者間のインド法人に関する株式譲渡においては，所定の申請書が公認取引銀行（authorised dealer bank）に買収対価の受領後60日以内に提出されなければならない。その際，プライシング・ガイドラインズに沿った公正価格の証明書その他の添付書類も提出されなければならない。

　以上も踏まえ，実務上は，当該証明書の取得も株式譲渡契約におけるクロージングの前提条件とされることになる。

③ 株式譲渡代金の後払い

　従前は，外資企業による買収の際，売買代金を後払いするには，インド準備銀行の事前承認が必要であり，また，売買代金のエスクロー口座を利用した決済も一定の場合しか認められていなかった。

　この点が2016年5月の通達により規制緩和され，居住者と非居住者の間で

株式譲渡が行われる場合，譲渡対価の 25% を上限として，株式譲渡契約締結日から 18 か月以内であれば，インド準備銀行の承認を得ずとも，売買対価を後払いすることが認められるようになっている。これに伴い，当該規制を遵守する限り，株式譲渡代金の後払いのため，エスクロー口座を利用することも認められる。

(イ)　会 社 法

①　決 議 基 準

企業買収をする場合，その買収比率を決める重要な要素は，株主総会の決議基準である。会社法上，普通決議は出席議決権数の過半数（50%＋1 株）であり，特別決議は 75% 以上と定められている。

②　株 式 譲 渡

会社法上，株式譲渡手続は，売主買主双方により署名された株式譲渡申請書及び添付書類（株券原本を含む）が会社に提出されることにより行われる。株式に譲渡制限が付されている場合には取締役会において譲渡承認手続を行い，それに基づき株券への裏書と株主名簿の書換が行われることにより，株式譲渡手続が完了する。なお，株式譲渡申請書については，所定の印紙税の納付がされなければならない。

(ウ)　企業結合規制

競争法上，いかなる個人又は事業者も，インド国内の関連市場における競争に対して著しい悪影響を及ぼすか，又はそのおそれがある企業結合を行うことはできず，これに違反した企業結合は無効と規定されている。

日本企業がインド企業との M&A によりインドに新規に進出する場合，インド国内でのシェアの拡大はあまり生じず，企業結合届出を行う必要が生じることはあまり想定されない。もっとも，日本企業自体の事業規模が一定程度を超える場合，インド競争委員会への事前届出自体は行う必要があるため，M&A 実施のスケジュールに影響を与えることになる。

①　要　件

個人若しくは事業者による他の事業者の取得，又は事業者の合併の中で，結

合後に取得者（又は取得者グループ）と被取得者を合わせて以下の表の8つのいずれか1つの基準に該当する場合，競争法上，事前届出の対象となる企業結合に該当する。

「取得者グループ」とは，直接又は間接に，①26% 以上の議決権を有する関係にあること，②取締役会メンバーの過半数を指名していること，又は③経営又は業務を支配していることのいずれかを満たす関係にある2以上の企業グループをいう。

	取得者と被取得者の合計		取得者グループと被取得者の合計	
	資　産	売　上	資　産	売　上
インド国内	200億ルピー超	600億ルピー超	800億ルピー超	2,400億ルピー超
インド国内外	10億米ドル超（うちインド国内で100億ルピー以上）	30億米ドル超（うちインド国内で300億ルピー以上）	40億米ドル超（うちインド国内で100億ルピー以上）	120億米ドル超（うちインド国内で300億ルピー以上）

② 例　外

ただし，インド国外でのみ発生する企業結合であって，インドの市場に対する関連，効果が重大でないもの等一定の企業結合については，通常届出は不要であるとされている。

また，支配，株式，議決権又は資産が取得されようとしている事業者のインド国内の連結ベースでの資産が35億ルピー以下又はインド国内の連結ベースでの売上高が100億ルピー以下の場合，届出は不要である（インド企業省による2016年3月4日付け告示）。さらに，2017年3月27日付け告示により，2022年3月26日までの5年間，①上記適用除外基準は維持されつつ，当該基準は合併の場合にも適用されることが明確化され，②事業の一部譲渡の際の適用除外の算定対象は当該譲渡対象事業にかかる監査済み財務諸表に基づくインド国内における資産又は売上高であり，譲渡会社全体の資産又は売上高を基準にするものではないとの解釈も示された。

③ 手　続

届出義務がある場合，従前，企業結合に関する当事者の取締役による機関決

定又は拘束力のある合意があった日から 30 日以内に届出を行う必要があった
が，事案に応じて十分な情報を揃えて届出することができるよう，インド企業
省による 2017 年 6 月 29 日付け告示により，かかる期間制限は同日から 5 年
間適用除外となっている。届出の書式には 2 種類あるが，通常は，簡易な様
式である様式 1 号にて届出をする。

　当該届出の後，インド競争委員会は，届出の内容を審査し，当該企業結合が
競争に著しい悪影響を及ぼさない，又は及ぼすおそれがないと判断した場合に
は，当該企業結合を承認し，インド競争委員会が不承認とした企業結合は効力
を生じないこととなる。インド競争委員会は原則として届出から 30 営業日以
内に一次的な審査結果を出すとされているが，追加的な審査が必要な届出案件
については 210 暦日以内に最終的な審査結果を出す。

　届出から 210 暦日を経過した場合は自動的に承認されたものとみなされる。

㈔　公開買付規制等

　インドの上場会社の一定規模の買収には，インド証券取引委員（SEBI）の定
める規則に基づく公開買付規制が適用される。

　日本の金融商品取引法に基づく公開買付制度と異なる点として，公開買付義
務に該当することとなる取得自体を公開買付により行わなければならないわけ
ではなく（当該取得自体は公開買付外で行うことができる），当該取引を行った場合
には別途公開買付の手続を開始しなければならないという規制となっている。
また，新株の引受けによる取得や市場内取得も規制対象に含まれている。

①　要　件

　以下のいずれかの場合，公開買付が必要となる。

- 単独で又は共同保有者とあわせて，上場企業の 25% 以上の議決権を取得する
  ことになる株式又は議決権の取得を行う場合
- 単独で又は共同保有者とあわせて，上場企業の 25% 以上 75%[21] 未満の株式
  又は議決権を保有している者が，さらに 1 事業年度内に 5% を超える議決権

---

21)　法令（Securities Contracts（Regulation）Rules, 1957）上，許容される上場廃止基準とならな
い最大の割合と定められており，75% と理解される。

を取得することになる株式又は議決権の取得を行う場合
- 株式又は議決権の取得の有無にかかわらず，対象会社の支配権を取得（対象会社の取締役会の取締役の過半数を選任する権利を取得すること，対象会社の経営方針を支配する権利を取得すること等をいい，株主間契約等に基づき支配権を取得する場合も含む）する取引を行う場合

　なお，上記要件のうち，「共同保有者（person acting in concert）」に含まれる者は，該当する者の類型が挙げられているものの，例えば株主間合意を結んでいる場合に当該合意が共同保有者の定義に含まれるかどうかの判断は，ケースバイケースで行う必要がある。

② 間接取得の場合

　インドの上場会社の株式を直接保有する会社の株式を取得する行為（間接取得）も公開買付規則の適用対象となるが，公開買付規則は間接取得の場合と直接取得の場合とで適用規定を分けており，また，純然たる間接取得と直接取得と同視できる間接取得を区別している。直接取得と同視される間接取得とは，対象会社の直近の監査済み財務諸表に基づく純資産価値（net asset value），売上高（sales turnover），又は時価総額（market capitalisation）が，被取得会社のそれの80％超である場合を指す。

　もっとも，間接取得がどこまで適用対象となるのかという問題については，公開買付規則が細かい計算方法（例えば，中間に多数の会社が挟まる場合に議決権割合をどのように計算するか等）について詳細に定めていないため，場合によっては，適用対象となるのかどうかの判定が困難となる場合も考えられる。この点を踏まえると，インド以外の企業を買収する際であっても，間接取得に対する公開買付規制の適用の観点からは，対象会社がインドにおいて上場している子会社を有しているかという点を確認することも必要となる。

③ 例 外

　まず，前記①の2つ目の要件からして，既に25％以上75％未満の株式を保有している者は，1会計年度に5％以下の取得であれば公開買付は必要とされないことになる。

　また，支配権の取得を目的としない株式の譲渡（例えば，アンダーライター

（引受人）に対する株式引受契約に基づく株式引受け，グループ間の株式の譲渡等）については，一定の要件を満たすことを条件として，公開買付義務の適用が免除されている。また，証券取引委員会の裁量により公開買付が免除される場合もある。

④　公開買付を実施する場合の条件

　公開買付における株式の予定取得数は，対象会社の株式又は議決権の 26% 以上としなければならない。また，買付者は，公開買付の条件として最低応募数（公開買付のいわゆる「下限」ないし「フロアー」）を設定することもできる。

　買付価格の下限は規則によって定められており，直接取得の場合と間接取得の場合で適用条項が異なる。公開買付の要件に該当することとなった当事者間の契約において合意した価格や買付者又は共同保有者が対象株式の取得について支払った価格等の基準が定められており，これらを比較してそのうち最も高い価額となる。

㋒　インサイダー取引規制

　インサイダー取引は，他の不公正取引と合わせて証券取引委員会法（Securities and Exchange Board of India Act, 1992）で禁止されている。インサイダー規制に関する具体的な内容は，2015 年に証券取引委員会（インサイダー取引禁止）規則（Securities and Exchange Board of India（Prohibition of Insider Trading）Regulations, 2015）に定められているが，当該規則は，2019 年 4 月 1 日付けの修正規則により改訂されている。

　インドのインサイダー取引規制と日本の金融商品取引法に基づくインサイダー取引規制との違いとしては，重要事実について軽微基準がなくその外延もクリアではないこと，禁止される行為が，単なる上場会社等の株式の売買だけでなく，第三者への未公表価格機微情報（Unpublished Price Sensitive Information）の開示自体も原則禁止されること等が留意点である。

①　要　　件

　以下の行為が禁止される。

- 内部者が，上場会社の未公表の重要事実を，第三者に対して知らせたり，アクセスさせること。ただし，適法な目的による場合，法的義務の履行における場合に知らせる場合を除く。
- 内部者から，上場会社の未公表の重要事実を入手すること。ただし，適法な目的による場合，法的義務の履行における場合に知らせる場合を除く。
- 内部者が，上場会社の未公表の重要事実を保有し，当該上場会社の株式の売買を行うこと。

インサイダー規則上，「未公表」とは，会社又は代理人により公表されておらず，かつ性質上特定されない情報と定義される。「重要事実」とは，会社に直接又は間接に関連する情報で，公表された場合に当該会社の有価証券の価格に重大な影響を与える可能性がある情報と定義される。例えば，会社の決算情報，配当宣言，有価証券の発行，合併等に関する情報が重要事実に該当すると理解される。また，内部者とは，会社の役職員等の会社関係者や，未公表の重要事実を知り，又は当該重要事実にアクセス権限を有していた者等をいう。

なお，2019年4月より，2番目の禁止行為の例外である「適法な目的による場合」について規定が追加された。具体的には，上場会社の取締役会に「適法な目的」を決定するためのポリシーを定める義務が定められるとともに，「適法な目的」には，通常の業務の過程において，パートナーやアドバイザーなどの外部者に開示する場合が含まれることが明確化された。

② 例　外

前記①の禁止行為のうち，第1と第2の類型には，以下の適用除外が認められている。

- 上場会社株式の公開買付義務の対象となる場合：取締役会が当該取引が会社の最善の利益に沿うという意見を形成することが必要
- 上場会社株式の公開買付義務の対象とならない場合：取締役会が当該情報を共有することが会社の最善の利益に沿うという意見を形成し，かつ，取締役会が決定する方法で当該取引の発効の2営業日前までに当該情報が一般に入手可能になることが必要

前記①の禁止行為のうち，第3の類型には，以下の適用除外が認められている。

- 同じ未公表の重要事実を持つプロモーターの間での取引：前記第1と第2の類型の違反がないこと，かつ，各プロモーターが十分に情報を得て取引の判断をしていることが必要（日本法でいうところの，いわゆるクロ・クロ取引の例外）
- 法人における取引：有価証券の取引を行うという判断が未公表の重要事実を有する個人以外の者により行われていること，かつ，当該会社において，会社の代わりに有価証券の取引を行う役職員が，他の個人が保有する未公表の重要事実にアクセスできないような措置が講じられており，当該措置の違反がある旨の証拠が存在しないこと
- 法令で定める取引計画に従った取引

(3)　M&A における実務上の流れ

インドの実務においても，以下のとおり，基本的には他の法域と同様のM&A のプロセスがとられる。

㋐　NDA/LoI の締結

潜在的パートナーを見つけ初期的な協議を終えた時点等，然るべきタイミングで秘密保持契約（NDA）及び／又は Letter of Intent（LoI）が締結される。規定される内容についても，インド特有の条件というものは通常は見当たらない。株式買収の事案の LoI であれば，評価額や買収プロセスに関する事項，買収後の対象会社の会社運営に関する事項等が合意される。LoI については，守秘義務等の法的拘束力を定めたい条項を除き，法的拘束力のない（Non-binding）の形で締結されることが通常である。

なお，買主の観点からこの段階で特に関心が高いのは，独占交渉権の獲得の有無である。他の潜在的買手と並行して交渉が進む状況に比べ，相対での交渉となれば，買主にとってより有利な条件を獲得しやすくなるためである。

㈡　法務監査の実施

　法務，会計，税務，ビジネス（場合によって，人事や環境）等，それぞれの観点から，対象会社の監査を行う。その中でも法務監査では，契約違反や法令違反等に起因する偶発債務及び企図された取引の実行に伴い変更が必要な事項がないかという事項の発見が主たる作業となる。これらの発見事項は，インド側当事者との間で調印する最終契約の条件に反映されることになる。

　法務監査についても，基本的には他国案件と同様の進め方がされる。買手側のアドバイザーが事前に資料請求リストを送付し，対象会社において当該リストに対応する形で資料を開示する（資料の開示自体は，最近は，Virtual Data Room が利用されることも少なくない）。資料をレビュー後，必要な点については書面／インタビューによる確認を経て，アドバイザーが買手自身に報告する形が一般的である。

　ただし，土地に関しては法務監査を行う法律事務所とは別に，所在する土地の言語・実務に通じた法律事務所が別途 title due diligence と呼ばれる土地関連書類のチェックを行うのがインドの実務である（後記Ⅲ 7(3)㈡参照）。

　なお，特にインドのような新興国においては，買収時の法務監査のような非定型的業務に対応できるだけの能力を持った従業員が対象会社内に十分にいない場合もある。資料の準備が十分でない場合，資料の要求と準備という前提作業にばかり時間が無駄にかかってしまい効率的に作業が進められないため，現地弁護士のレビュー期間の開始前に，対象会社における開示資料の状況について入念な確認が必要である。

㈢　最終契約の交渉・締結

　LoI 等で確認された基本的な理解を前提に，法務監査で発見された事項も踏まえ，最終契約（すなわち，株式譲渡契約）の準備が進められる。通常は，買手側がより多くの買収前の売主の義務を規定したいため，買主側がファーストドラフトをすることが多い。

　ドラフト完成後は，アドバイザーの支援も受け，論点を1つ1つ交渉していくことになる。アドバイザー間の数回のやりとり後，残る論点について本人同士で直接交渉することが多い。

　なお，株式の売手が保有株式を全部売却せず，売手と買手双方がクロージング後，対象会社の株主として残る場合，双方の議決権行使等について株主間契約で合意することもある。

㈢　前提条件の充足・クロージング

　最終契約のクロージング条件を前提に，法律上又は各種の契約上必要な申請，同意の取得等の手続，法令違反状態の是正等の作業を，クロージング日までに進める。この時点で具体的にどの書類を確認したら前提条件を満たしたといえるかという観点から逆算して，最終契約のクロージング条件を丁寧に規定しておくことが肝要である。なお，特にクロージング手続については，対象会社所在地の州法，実務の影響を受けることがあるため，直前になって予期せぬ規制に慌てぬよう，最終契約交渉の時点で入念に確認する必要がある。

　インドにおいては，物事を決めるのも大変であるが，いったん決めたことをその通りに進めることもまた，実務上は相当大変であり，労力を要する。そのためか，現地法律事務所がM&Aに関して用意する費用見積にも，法務監査，最終契約の作成／交渉といった費用項目に加え，クロージングサポートという独立の項目が設けられ，最終契約後に発生する作業として，一定割合の費用が見込まれていることも少なくない。

⑷　M&A契約の概要

　インドにおいても，基本的には他の法域と同様の株式譲渡契約が利用されている。その中でも主な条項は以下のとおりである。

㈠　売買の約定・クロージング

　M&A契約の最も基本的な内容として，買収対象である株式の種類や数が特定されるとともに，その対価が示される。前記⑵㈠③「株式譲渡代金の後払い」のとおり，近時，代金の一部後払いによる価格調整も認められるようになっている。

　クロージングの規定においては，クロージングの時期，場所等に加えて，クロージング時に授受される書類が1つずつ特定される。基本的には，代金の

支払と株式の授受が同時履行とされるが，実務上は，特に国際的な送金が必要な場合にはどうしてもタイムラグが生じることもあるため，双方のリスクを極小化するよう，工夫が必要となる。

(イ)　クロージングの前提条件

表明・保証の正確性，誓約の遵守，重要な悪影響事象（Material Adverse Event）の不存在等の一般的な内容に加え，必要な許認可等の取得や，法務監査で見つかった重大な瑕疵の治癒等，案件に応じて，特に重要な条件が規定される。

なお，クロージングの前提条件の充足は，実際上は予想外に時間がかかることも少なくない。そのため，クロージングの前提条件を充足させる動機づけを強くするため，一定期限（Long Stop Date と呼ばれる）までにクロージングが行われない場合，株式譲渡契約自体を解除する権利を設けておくことが重要である。

(ウ)　表明・保証

契約調印時，及び場合によってはクロージングの各時点において，各当事者及び対象会社に関する重要な事実関係に関する表明・保証の正確性等が規定される。

(エ)　誓　約

一般的にはクロージングの前と後に時間的に区別し，株式譲渡に関連して各当事者が遵守すべき誓約（義務）の内容が規定される。

(オ)　補　償

表明・保証や誓約の違反に基づいて経済的損害が発生した場合，これを相手方当事者に補償として請求する権利が規定される。それとともに，補償金額や請求期間の制限についても合意される。

(カ)　関 連 契 約

　株式譲渡契約との関係では，売買代金一部後払い等の目的で使用するエスクロー口座に関する銀行を含めたエスクロー契約（基本的には各銀行のひな形が利用される）や，売主がクロージング後も持分を一部継続して保有する場合の株主間契約等の関連契約があり得る。

(5)　株式譲渡以外のスキーム

(ア)　新 株 発 行

　対象会社のプロモーターがエグジットを意図せず，対象会社の事業に追加資金が必要な場合で，日系企業としてもいきなり買収するのではなく，マイノリティ出資により事業に参画したいという場合には，新株発行の方法によることが考えられる。

① 　会社法上の手続

　新株発行に関する会社法上の手続としては，授権株式資本の増加と，発行に関する決議が問題となる。

　まず，会社法上，授権株式資本の増加に関する具体的な手続は定められておらず，定款で定めるのが通常である。基本定款（MoA）に授権株式資本の具体的な金額が定められており，また，附属定款（AoA）にて株主総会の普通決議により，変更することが可能と定められていることが多い。授権株式資本の増加に際して株主総会において具体的に何を決議すべきかに関しては定款に定められていない場合もあるが，実務上は，①増加される授権株式資本の額，②各株式の額面額，③登記局において申請手続をする個人の氏名等について決議される。当該決議後は，登記局において然るべき申請手続を行う。

　次に，第三者割当すなわち特定の者に新株の割当てを行う際に，発行会社の株主総会において特別決議により承認する必要がある。当該決議後は，登記局において然るべき申請手続を行わなければならない。これに加え，第三者割当を承認するために株主総会を招集するに際して，株主総会の招集通知に添付する参考書類において，以下の情報を記載しなければならない。

- 新株割当の価格
- 当該価格が算出された基準日
- 第三者割当を行う目的
- 当該割当前後の創業家株主及び他の株主の株主構成
- 当該割当が完了する予定時期
- 会社の支配権の変更が意図又は予定されているか

② 種 類 株 式

　会社法上，株式の種類は，まず資本株式（equity share capital）と優先株式（preference share capital）に大きく分かれる。前者は，さらに普通株式とクラス株式に細分類され，クラス株式の種類としては，議決権がない資本株式を定めることができる。一方，後者の優先株式は，発行から 20 年以内に所定の条件に従って償還される旨が定められる。なお，別途転換社債の発行も認められている。

　これらの優先株式や転換社債において，転換後の株式について議決権がないクラスの資本株式とすれば，転換後においても既存の議決権比率を維持することも可能となる。

　議決権を有しない資本株式，議決権を有しない強制転換条項付優先株式（CCPS：compulsorily convertible preference shares），そして強制転換条項付転換社債（CCD：compulsorily convertible debentures）の主な差異については，概要以下のとおり整理される。

	資本株式	強制転換条項付優先株式（CCPS）	強制転換条項付転換社債（CCD）
議決権	限定可能	限定可能	なし
リターン	配当	配当	利息
清算時残余財産分配順位	最も劣後	劣後	優先
税金（日印租税条約による）	配当支払税15%	配当支払税15%	利子源泉徴収税10%

③　外資規制上の手続

　インド法人が非居住者に新株発行を行う場合，当該新株発行から 30 日以内
に，当該インド法人がインド準備銀行（RBI）に対して所定のフォームを提出
しなければならない。当該フォームには，インド会社法に定める手続が履行さ
れたこと等を証明する会社秘書役による証明書と，勅許会計士（Chartered Ac-
countant）等による価格証明書が添付されなければならない。

⑷　事 業 譲 渡

①　スキームの概要

　買収方法として，対象会社の株式を取得するのではなく，特定の事業だけを
買収する方法もある。

　事業譲渡スキームのメリットとしては，既存企業の買収方法として，多角化
した事業のうちの一部だけを取得できる，偶発債務の承継の度合いを軽減でき
る等の点が挙げられる。

　一方，事業譲渡の場合の負担としては，各資産及び許認可等の承継に関する
手続である。債務の移転には債権者の同意が必要とされることから，基本的に
大口金融債権者の同意無しには進められないし，労働者からも個別同意を取得
する必要がある。個別の資産の移転に関してそれぞれ登録手続が必要になる。
また，事業に関する許認可については，州レベルの手続も含め，買主側に承継
が可能なのか，それとも承継ができず買主側で新規取得が必要なのかについて，
個別の確認が必要である。

　上記のような手続上の手間及びそれが完了しないことのリスクは，例えば，
売主側において新会社を設立させそこにまず取得対象の事業を譲渡させ，事業
譲渡に伴う必要な諸手続が完了した段階で，当該新会社の株式を買主側に譲渡
することにより，低減することもできる。

②　会社法の規制

　会社法上，事業の全部又は実質的に全部の譲渡には，株主総会の特別決議が
必要とされている。

　上記のうち，まず「事業」とは，会社による投資額が(i)直前事業年度の監査
済み貸借対照表の純資産の 20％ を超える事業又は(ii)全事業年度の会社の総収

入の 20% を生み出す事業を意味する。また，「実質的に全部」とは，直前事業年度の監査済み貸借対照表の事業価値の 20% 以上を意味する。

㋒　スキームズ・オブ・アレンジメント

　日本の会社法における組織再編手続では，合併，会社分割，株式交換及び株式移転という選択肢が認められている。一方，インドにおいては，合併及び会社分割は会社法上も認められているが，これらはいずれもスキームズ・オブ・アレンジメント（Schemes of Arrangement）の一類型として認められている。

　スキームズ・オブ・アレンジメントとは，英国法系（シンガポール，オーストラリア等）の国には広く認められるスキームであり，買収者ではなく，対象会社が主導権を持って実施され，かつ会社法審判所が関与する形で行われる組織再編である点に特徴がある。会社法上は，株主及び債権者の 4 分の 3 以上の承認を得て，かつ会社法審判所の承認を得た場合にスキームズ・オブ・アレンジメントを実行することが認められる。

㋓　スクイーズ・アウト

　上場廃止の場合も含め，大株主の意向で少数株主の株式を強制的に買い取る，いわゆるスクイーズ・アウトは，現行制度上認められていない。

　ちなみに，会社法上，買収者又はその共同行為者が発行済株式資本の 90% 以上を保有した時点で，少数株主は，当該買収者に対して，登録評価者の評価する価格で自己の保有する株式を売り渡す権利が認められている。当該制度は，あくまで少数株主のために，そのエグジットの機会を保証するために設けられたものであると理解されている。

㋔　上場廃止

　上場会社のいわゆるプロモーター（及びその関係者）の持分比率の上限は 75% である。プロモーター等の持分比率が 75% を超える場合，12 か月以内に証券取引委員会が指定する方法（新株発行やプロモーター持分の売却等，6 つの方法が挙げられている）で，一般株主の持分を増加させなければならない。

　そのうえで，上場会社が上場廃止を意図する場合，概要，以下の手続で上場

廃止が行われる。

- 一般株主比率 25% の維持その他上場契約の遵守，又は非上場手続開始のためのインド証券取引委員会（SEBI）の同意取得
- 証券取引所に対するプロモーターによる非上場化提案の開示
- Due Diligence（DD）のための商業銀行の任命及びその旨の証券取引所への開示
- DD のための商業銀行に対する所定の情報の開示
- 非上場化に関する取締役会の承諾
- 非上場化に関する株主総会特別決議の承諾（郵便投票による）
- 証券取引所に対する非上場化に関する原則的承諾（in-principle approval）の申請
- 原則的承諾の取得
- 所定の情報の公衆への通知
- 上記株主総会特別決議の承諾から 1 年以内の証券取引所への最終申請
- 非上場化，及び SEBI の規制により決定される価格に従った支払完了に関する一般株主へのオファーレターの発行

⑹　インド人売主を相手とする M&A の実務上の留意点

㋐　インド人創業家株主（プロモーター）

　インドにおいては，創業家株主のことをプロモーターと呼ぶ。プロモーター（及びその親族）が株式譲渡の売主でもあり，かつ対象会社の重要な役員であることが非常に多い。インドでの M&A の文脈においては，高齢となったプロモーターが引退を意識するものの，他方でその子孫は事業の引継にあまり前向きでなく，そのような状況でプロモーターが会社を存続させるため，潜在的買手（特にインドでは直接の競業者となっていない外資企業）を探すということがしばしばみられる。

　このような場合，日本企業側としては，プロモーター以下が一枚岩である前提でプロモーターを交渉窓口にして M&A の協議を進めることが多いと考えられるが，実際上は，プロモーター一族の中でも意見が割れていることが少なく

なく，その結果，契約条件の各論において議論が紛糾することになる。

　プロモーター一族から買い取る場合で，様々な理由で一部の株式を買い取らない場合，誰から株式を買い取るかも非常に重要な考慮となる。基本的には，クロージング後も継続して対象会社への関与を期待したい者には株式を継続して保有させ，その他の者から株式を買い取ることで，前者の株主については対象会社への継続的なコミットメントが期待できると考えられる。

㈦　インド人役員の処遇

　インド人は，一般論として階級を重んじる傾向が高く，その点は会社の中でも同様である。

　仮に買収後，特定のプロモーターに役員やアドバイザー等の形で対象会社に関与を継続してもらう場合，そのような考え方に配慮を示し，（株式を売却後も）当該プロモーターが特別な扱いを受ける立場であるということが社内外にわかるようなアレンジをすることも検討に値する。一例として，特別な肩書きをつける，会社のデスクや車のアレンジ等，意識して条件交渉をすることが交渉をうまく進める工夫の1つとなる。

㈢　対象会社に関する基礎情報

　法務監査を行うに先立ち，対象会社に関する非常に基礎的な情報が早期に得られない場合がある点にも留意が必要である。

　例えば，対象会社の株主構成に関する情報が得られない（得られても個人や中間的な持株エンティティが株主として存在しており，各株主と売主・対象会社との関係がよくわからない），対象とする事業と法人が一対一で完全に対応していない（1つの事業につき複数の企業に跨ってオペレーションされている）等，確認をすることが難しい場合がある。特に買収対象となる法人がどの範囲にあるかはその後の法務監査や買収交渉を行うに先立つ大前提となる情報であるため，できるだけ早い段階で十分に確認しておくことが肝要である。

㈣　価 格 算 定

　インドのM&A交渉においてほぼ全ての事案で発生するのが，両当事者の価

格評価の大きな乖離である。

　その背景は事案に応じて様々であるが，例えば，非上場会社の価格算定方法としてしばしば用いられるDCF法では，売主側がインド市場の潜在性を殊更に楽観視し，非常に強気な事業計画をベースに将来キャッシュフローを算出し，それを現在価値に割り引いて企業価値を算定する傾向があるためというのが事情の1つに挙げられる。特に従前は，非上場会社のプライシング・ガイドラインズにおいて認められていたのがDCF法のみであったため，上記事情がほぼ全ての案件に妥当していたと思われる。

　日本側の買手としては，売主とは別のアドバイザーを起用し，より現実的なシナリオに基づく事業計画を前提に低い価格の企業価値算定を行い，双方の根拠を出し合って価格交渉をすることになるのが一般的だが，この点は双方の思惑が真っ向から対立するため，交渉においても最も骨の折れる部分である。

㈸　情報管理の重要性

　インドのマスメディアは，日本と比べると商業主義的な傾向が強く，その結果，企業のM&A交渉において意図的な価格操作のために利用される（すなわち，売主の関係者が意図的にM&A交渉の情報をマスメディアに漏らす）ことも少なくないと認識されている。

　そのため，特に上場会社が対象会社となる案件においては，情報管理に意識をして，M&Aの交渉を進める必要がある。

㈹　面前・口頭の交渉の重要性

　インド人は口頭のコミュニケーションを重視しており，ある程度交渉上の論点が絞られた段階では，電話やテレビ会議を使った契約交渉が効率的で，重要局面では直接トップ同士が会って一気に交渉をまとめることが肝要である。

㈺　クロージングに向けた作業

　インドにおいては，物理的及び人的なインフラの未整備を主な理由として，決めたことを末端まで実行することが非常に骨の折れる仕事となる。M&Aの文脈に照らせば，最終契約の調印からクロージングまでの作業及び進捗管理が

ポイントとなる。

　最終契約の前提条件に掲げられる事項は，基本的に売主の管理下にある事項がほとんどであり，経験豊富なフィナンシャル・アドバイザーが付いていない場合には，実際上，中々想定どおりに作業が進まない事案も散見される。

　その意味で，売主に任せているだけでは買主の想定するスケジュールどおりに進まないことがまま見受けられるため，実務上は，進捗の確認をすることが重要で，状況に応じて，買主側も現地アドバイザーを通じるなどして，作業に協力することも検討に値する。

㋗　税務リスクの評価

　インドの税務当局は，非常に強気の姿勢で追徴課税をしてくる傾向にある。買収に先立つ税務監査は特に慎重に行い，税務アドバイザーに具体的な助言を求めるべきである。対象会社の税務に関する偶発債務が発見された場合には，特に表明・保証及び補償条項の条件において，（他の一般的な補償条項に比して）より幅広く売主に責任追及できるように交渉すべきである。

5　合弁による進出

⑴　全 体 像

　インドにおいても，日本とインドの当事者が合弁形態による共同事業を行うことがしばしばみられる。各当事者は，それぞれ一定の割合で資金拠出をして共同事業のための法人を設立するとともに，各当事者の得意とする各種貢献を合弁会社に対して行う。合弁形態による共同事業において基本となるのは，各当事者で締結される合弁契約（Joint Venture Agreement）である。

　なお，株主間において締結される契約として，株主間契約（Shareholders Agreement）等の別の名称のものが締結されることもあるが，基本的な機能は同様であるので，以下，単に合弁契約と呼ぶ。

⑵　合弁契約の概要

　インドにおいても，他の法域と同様の合弁契約が利用されるのが一般的である。主な条項は以下のとおりである。

㋐　合弁会社の基本事項及び組成

　合弁契約には，まず合弁会社の基本事項が規定される。具体的には，合弁会社の社名，本店所在地，事業目的等が規定されるとともに，資本金の金額及び各株主の出資比率が定められる。また，合弁会社を新設する場合，その設立方法やスケジュールが規定されることもある。

　一方，既存の会社の一部買収という形で合弁関係が組成されることもある。企業買収（M&A）の段階にて手当てされるべき事項については，株式譲渡契約等，買収段階で締結される契約にその内容が規定されることになる（前記4⑷参照）。

㋑　合弁会社のガバナンス

　合弁会社の日々の運営は，合弁会社の代表者以下，従業員によって行われる

ことになるが，重要事項の決定に関しては，予め，どちらの株主がどのような決定権限を持つのか，どの事項については株主双方の同意が必要となるのか，定めておくことが重要である。具体的には，株主総会及び取締役会の開催方法や頻度，決議事項等，マネージング・ディレクターやCEO，取締役等の指名，外部監査人や会社秘書役の指名等について合意がされる。

　これらに加え，特に少数株主の立場を保護する観点からは，株主総会や取締役会の特定の決議事項に関して，拒否権（veto right）が認められることもある。多数株主の立場からは，基本的には会社法のルールどおりに多数決で物事を決められることが便宜ではあるものの，合弁関係という特に一定の重要事項に関しては当事者の交渉の結果，拒否権が認められることも少なくない。

　また，特に会計監査を誰が行うかについては，日本側当事者としては，グローバルなグループ会社管理の観点から特定の大手会計事務所を起用したいという意向があることが多いのに対して，インド側当事者は，特に費用の観点からインド現地の会計事務所を起用したいという意向があり，意見が対立する場合もある。

㋒　合弁会社の資金調達

　合弁会社は，基本的には，各株主による資金拠出に基づいて運営が行われることが設立当初は想定されているが，その後，外部のビジネス環境や合弁会社自体の収益性等を背景に，追加の資金拠出が必要になる場合も当然想定される。合弁契約では，そのような場面に備えた規定を入れておくことが重要である。

　一例として，合弁会社の資金調達は，自己資金や担保をつけない形での銀行等からの借入れを原則とするものの，それが難しい場合，各株主の保証を前提とした借入れや各株主からの直接の借入れ，又は追加出資（増資）等のアレンジが取り決められる。各株主が何らかの負担をする場合も，通常は，既存の持ち株比率に応じて（プロラタで）当該義務の履行責任が定められる。

　特に増資の場合に一方株主が一定期間内に義務の履行を行わない場合に備え，そのような場合は他方株主が当該未履行分も引き受けて追加資金提供をできる旨の規定が入れられることもある。もっとも，そのような場合，既存の持ち株比率の変更につながり，合弁関係全体のアレンジの変更も必要になり得る点に

留意が必要である。

㈎　各株主の役割及び義務

　合弁会社は，各株主の得意とする貢献を持ち寄って運営することになるため，合弁契約上，まずそれぞれの役割分担を明示することが重要である。一例として，生産機能を持つ合弁会社であれば，工場の運営管理はノウハウを持つ日本側当事者が責任を持ち，他方，営業，販路拡大や人事・労務管理は現地の事情に通じたインド側当事者が責任を持つという形式があり得る。

　また，各株主は，共通の目的を持って合弁会社を通じて共同事業を行う以上，それと抵触する活動，すなわち，合弁会社の事業と競業するような事業活動は，直接的にも間接的にも禁止するという義務（競業避止義務）が設けられる。同様の観点から，合弁会社の役員や従業員の引き抜きを禁止する義務（勧誘禁止義務）が設けられることもしばしばみられる。

㈏　関係契約

　合弁会社と各株主との間で締結される各種契約についても，その各ドラフトが合弁契約の別紙となるか，又はその主要条項が合弁契約に規定される等の形で合弁契約と関連づけられる。

　例えば，出向者の派遣に関する出向契約，会社運営や技術の助言に関するアドバイザリー契約，技術援助契約，技術やブランドのライセンスに関するライセンス契約，土地のリースに関するリース契約，合弁会社が製造した製品の買取契約等が挙げられる。加えて，合弁会社とその他の当事者との契約として，例えば，合弁会社のCEO等の役職に就く個人と合弁会社との契約についても準備が必要となる場合もある。

　これらの契約に関しては，通常，独立第三者との契約において規定されるべき内容に加えて，合弁契約との関連性について留意する必要がある。具体的には，特に合弁契約が終了した場合を，これらの契約の自動終了事由とすることで，合弁に関連する全ての契約をスムーズに終了させられるように手当てしておくべきである。

　なお，これらの関連契約に基づいて合弁会社から支払われる各種報酬は，合

弁会社の事業計画とも密接に関わるものである。実務上は，合弁契約の交渉の後に各関係契約の準備が進められることが多いが，少なくとも関連契約の経済条件については全て合弁契約締結時に合意している必要があり，そうしないと，自らの有利になるように契約交渉をすることが難しくなる点に留意が必要である。

(カ)　合弁関係の解消

　合弁関係を永続的に続けることを想定する場合は多くなく，そうであれば合弁契約に関係の解消に関する規定を入れておくことが重要である。

　まず，原則として，合弁関係は特定当事者間の閉じた関係であるため，合弁会社株式の譲渡には相手方の事前承諾が必要とされることが一般的である。もっとも，合弁関係が一定期間継続した場合等には当該制限を外し，その代わりに，合弁相手による優先買取権（First Refusal Right）の規定を入れることもある。

　また，少数株主の拒否権が行使される等により会社の重要事項の意思決定ができない場合に，いわゆるデッドロック状態に陥るが，その解消のための手続が規定される。一定期間，各株主の一定の役職者間で誠実に協議する義務を入れつつ，当該協議が当該期間内にまとまらない場合，株の売買や合弁会社の清算等の方法によるデッドロック状態の解決策が規定される。

　加えて，さらに強力な権利として，合弁関係が一定期間継続した場合や，合弁会社の財務上の指標が特定の基準を充足・不充足した場合等，合弁会社株式の買取権（コール・オプション）や売却権（プット・オプション）の規定も入れられることがある。当事者間の意向次第では，自己の株式の売却時に合弁相手の株式も一緒に売却することを要求できる権利（Drag Along Right）や，逆に，合弁相手の株式売却時に自己の株式も一緒に売却することを要求できる権利（Tag Along Right）が規定されることもある。関連して，譲渡価格及びその評価方法の争いが生じることも少なくないので，譲渡価格算定にあたっての評価人を一定の大手会計事務所に限定するような条項を置いておくことも考えられる[22]。

---

22)　旧会社法下では，特に公開会社においてはこのような株式譲渡を制限する私人間の各種合意の有効性について議論が存在したが，現行会社法下ではこのような合意の有効性が明文で認められて

(キ)　三者契約となる場合

　合弁契約は，必ずしも二当事者で締結されるとは限らず，例えば日系メーカー，日系商社及びインド企業という形（この場合，海外事業経験の少ないメーカーが商社に海外子会社の管理の役割を期待していることもある）や，日系メーカー，日系ファンド及びインド企業等の形で，三（又はそれ以上の数）の当事者で合弁契約が締結されることもある。

　基本的には，日系の当事者の利害関係は大きくは一致しているという前提で，日系複数当事者対インド企業という形で二当事者であるかのような形で合弁契約の交渉がされることもあるが，いずれにせよ，三者になると各権利・義務の内容や行使する相手についてより精緻な検討が必要になり，合弁契約も入り組んだ内容になる傾向がある。

(ク)　二階層で合弁会社に投資する場合

　場合によっては，事業会社の合弁会社の一段階上に別の持株会社を作り，当該持株会社の運営に関して合弁契約が締結されることもある。このような持株会社は，インド国内に設立されることもあれば，シンガポール等のインド国外に設立されることもある。

　その場合，合弁契約においては，通常の内容（持株会社自体の運営に関する事項）に加え，持株会社の事業会社に対する指揮命令の伝達をどのように拘束するかについても工夫が必要である。

(3)　インド特有の留意点

(ア)　土地の扱い

　特に製造事業を行う合弁会社を設立する場合，土地取得又はその使用権の確保に関してはインド側当事者が手配することが多い。その場合，対象となるのが自らが所有する土地の一部であることもあれば，自らが使用権を持つ工業団地の一区画である場合もある。これらについては，合弁会社に現物出資される場合と，合弁会社にリース（又はサブリース）される場合があり得るが，自らの

おり，そのような議論は解消されている。

キャッシュアウトを減らして合弁会社を設立するという観点からは，前者の現物出資の方が好まれる傾向にある。

　いずれにせよ，土地の権利関係については安定的な合弁事業の前提となる非常に重要なものであるため，現物出資の場合であれ，リース（又はサブリース）の場合であれ，合弁事業の開始に先立ちその権原又は使用権を慎重に精査する必要がある。土地の権利関係の確認方法については，インドに特有の問題があり，詳しくは後記Ⅲ7(3)(イ)を参照されたい。

　また，土地をインド側当事者が拠出している場合，その後，合弁当事者間の関係が悪化しても，また仮に自らが合弁会社の持分では多数であるとしても，当該土地の処遇に関してはインド側当事者の意向を無視できず，結果的に強気の交渉ができなくなる場合もある。そのような合弁のアレンジの組成時点から内在していた「弱み」は，合弁開始時には意識されにくい点であるため，留意が必要である。

(イ)　合弁契約の定款への反映

　合弁契約は，あくまで出資者間の合意に過ぎないと理解されるため，その違反があった場合（例えば，会社法の要件は満たすものの，少数株主の拒否権を無視した株主総会決議の効力等），その効力が契約違反に留まるのか，それとも契約違反の効力を合弁会社に対しても有効に主張できるのか，インド法においても不明確な部分があるとされている。

　その不確かさを軽減する観点から，実務上は，合弁契約の内容を合弁会社の附属定款に反映させる実務が行われている。これにより，合弁契約の違反が同時に会社の基本文書である定款の違反も構成するため，いずれかの株主が合弁契約違反の場合に合弁会社に対しても違反の効力を有効に主張できる蓋然性が高まると考えられる。

　なお，合弁契約と定款の内容に不整合があった場合，いずれが優先すると考えられるかは，定説がみられないように思われる。また，インドでは会社の定款は，会社登記局（ROC）からオンラインで第三者でも入手可能なものであるため，その意味でも，合弁契約の内容をどこまで細かく反映させるべきかはケースバイケースで検討が必要になる。

㈦　代表者の権利制限

　インド法上，日本民商法におけるいわゆる表見代理に相当する制定法のルールは存在しない。したがって，例えば，インド側の代表者の代理権限を合弁契約及び定款で制限した場合，当該制限は，（日本法とは異なり）常に第三者に対抗できるのが原則的な考え方である。当該考えの背景には，当該第三者が定款や取締役会決議の写し等を要求し，当該第三者の適法な代理権限を確認すべきであるという価値観が前提にあるものと推察される。

　ただし，判例法上，内部管理の原則（doctrine of indoor management）という考え方も存在し，当該原則が適用される限りでは，第三者が例外的に救済される余地もあることになる。

㈢　居住者・非居住者間の株式売買に関する価格規制

　日印当事者，すなわち非居住者・居住者間での合弁の場合，双方間のプット・オプション及びコール・オプションは，前記 4(2)㋐ の価格規制（プライシング・ガイドラインズ）の遵守が必要となる。

　特に合弁会社の事業がうまくいかずに日本側がプット・オプションを行使し合弁関係を解消したいが，合弁会社の株式価値を時価評価すると低い価値になる一方，元々合弁契約ではプット・オプションの行使価格が比較的高めに設定されている状況において問題となることが多い。

㈣　取締役等によるプット・コールオプションの保有に関する規制

　インド会社法上，取締役及び主要経営役職員は，当該会社及びその親会社・子会社等に関して，特定の数の株式を特定の時期に，特定価格で売却又は買取りできる権利を購入することが禁止されている。この違反については，2 年以下の懲役，10 万ないし 50 万ルピーの罰金，これらの併科の刑事罰の対象となる。加えて，取締役等が当該権利の付された株式を取得した場合，取締役等は，当該株式を会社に返還するとともに，会社は当該取締役等を権利者として名簿に登録することが禁止されている。

　合弁会社においては，インド側の出資者の 1 人が合弁会社の取締役を兼ねている場合も少なくなく，合弁契約を締結する際には，当該規制にも留意する

必要がある。

㈎　契約期間終了後の競業避止義務等の有効性

　合弁契約の各当事者の競業避止義務においては，合弁契約期間中はもちろん
であるが，その終了後も一定期間は，義務を存続させる合意をすることが少な
くない。これは，合弁契約を終了させれば直ちに各当事者が合弁会社と競業を
することが可能であるとすると，各当事者が合弁会社にリソースを割いて共同
事業を行う動機づけがなくなってしまうため，一般にビジネス上は合理的な取
決めである。

　もっとも，特に競業避止義務を負う者が自然人の場合，インド契約法上，
「ある者が適法な職業，取引又は事業を行うことを禁止する」合意が無効とさ
れている（インド契約法（Indian Contract Act, 1872）27条）こととの関係で，合
弁契約終了後の部分の競業避止義務については，無効ではないかとの疑義が示
されることが多い。

　実務上は，当事者が企業であれば合弁契約終了後の競業避止義務も，合理的
な範囲で有効であると解され，少なくとも精神的な抑止力とはなるため，合弁
契約締結時点では，無効又は効力が制限されうるリスクは認識しつつ，合意内
容に含めることが多い。可能な限り強制執行力を高める工夫としては，株式譲
渡の対価及び買主側の投資による経済的利益が競業避止義務の対価（consider-
ation）として十分であるということをインド側が認める条項などを入れたり，
合弁契約終了後，別途コンサルタント契約などの完全に異なる契約を結び対価
を払って，競業避止義務をかけるケースなどがある。

　なお，上記の議論は，合弁契約終了後の顧客や従業員の勧誘禁止義務につい
ても基本的に妥当する。

㈏　法人の清算の難しさ

　合弁契約上，デッドロックの解消方法として，合弁会社の清算が規定される
ことが少なくない。もっとも，後記Ⅳ1で述べるとおり，インドにおいて合
弁会社の清算は，その完了まで時間のかかるものである。

　合弁解消の局面では，一刻も早く合弁相手との関係を解消したいという意向

になるのが通常であり，そのような場合，法人の清算は，現実的な合弁解消の選択肢にはなりにくい。その意味で，合弁解消の方法は，現実的には，多くの場合株式の売買ということになる。

(ウ)　関連当事者契約の移転価格規制上の留意点

　日本側当事者と合弁会社との関連当事者契約については，インドの移転価格税制の適用を受ける場合がある。

　対価の定め方がインド当局に不当とみなされた場合，移転価格規制に基づく税務調査等が行われるリスクがあるので，税務アドバイザーにも相談のうえ，慎重に対応する必要がある。

(4)　合弁に関連するトラブルの一例

　残念ながら，日本とインドの合弁がうまくいかず，合弁当事者間でトラブルになることは少なくない。典型的な問題事例は次のとおりである。

(ア)　追加出資の必要性

　合弁会社が追加資金を必要とする場合，合弁契約で定めた合弁会社の資金調達の規定どおり，合弁当事者双方が出資比率に応じた応分の負担を果たせばよいが，合弁会社の事業の方針や，合弁当事者自身の資金繰り等の観点から，必ずしもそのとおりにいかないことも少なくない。特に，日本側が追加出資を希望するが，インド側は追加出資を渋り，持分の稀釈化も様々な理由をつけて嫌がることもある。その際，インドの現地銀行からの借入れは不可能ではないとしても，金利の高さからビジネス上は新規借入れをするという判断も難しい場合が多い。

　このような場合，まずは親子ローンや転換社債の発行（ただし，インド国外からのローンの場合はECB規制に服する）による方法や，無議決権優先株式の発行等による方法により，議決権比率を変えない形で資金提供ができないか，検討することになる。なお，転換社債や優先株式の発行による場合，転換後も議決権のない形の株式にすることも可能であるため，その活用も検討に値する。

(イ) 競業避止義務

追加出資の目的が合弁会社の事業の拡大にある場合，競業避止義務も問題になり得る。すなわち，合弁会社の事業の拡大のための追加出資にインド側当事者が応じないのであれば，日本側当事者としては，自分自身で別途単独の拠点を設けるという出口計画もあり得るところであるが，その際，当該拠点の事業と合弁会社の事業が（少なくとも理論的には）「競業」すると考えられることから，そのような単独の拠点設立も（インド側当事者の事前同意がない限り）難しい，という事態に陥ってしまう。

このような場合，いわゆる承諾料又はそれに相当する某かの利益をインド側に提供して同意を得るという解決策もあり得るところであるが，まずは，このような事態に備え，合弁契約において約定する競業避止義務の範囲については，合弁契約交渉時において慎重に検討すべきである。

競業避止義務は，通常は，公平の観点から合弁当事者双方同様の義務とすることが多いため，その場合はその範囲を狭めることについて具体的な考慮が必要となるものの，対象となる商品や顧客，地理的範囲等について，必ずしも広い方が自社の出口戦略等にとってよいとは限らない点に十分に留意が必要である。

(ウ) 補償金請求

合弁事業が何らかの理由により失敗する場合，合弁当事者双方に何らかの落ち度が認められることがほとんどであり，一方当事者のみに落ち度があるというのは通常はみられない。もっとも，特にインド側当事者が日本側当事者に対し，当該失敗を全て相手方の落ち度として，合弁関係の解消に伴い何らかの補償（損害賠償）を求めるような事案もみられる。

このような場合，まずは双方の落ち度と相手方の主張の合理性を過去の具体的な事実関係・証拠に照らして確認する必要があるものの，相手が強硬姿勢を崩さない場合，合弁契約の紛争解決条項に従って紛争解決手続を進めることの当否について，費用対効果も含めて全体的な利益考慮が必要となる。

6　販売代理店を通じた進出

(1)　全 体 像

　非常に広大な国土を持ち，また州，地域，都市ごとにマーケットの状況も異なるインドにおいては，いかにターゲットとなる消費者の手元に届けるか，また商品によっては，商品に必要なアフターサービスをいかに提供するかが鍵となる。

　もっとも，小売業には依然外資規制が存在するため，特に BtoC ビジネスにおいては，販売商流確保のために代理店の活用が重要となる。地域又は製品に応じた市場慣行等により，製造元が直接各販売代理店と契約を締結するパターンもあれば，その中間に総代理店が存在するケースもある。

(2)　販売代理店契約の概要

　インドにおいても，基本的には他の法域と同様の販売代理店契約のひな形が利用されることが多い。主な条項は以下のとおりである。

㋐　代理権の付与

　商品や市場を特定して，販売委託者が販売代理店に販売代理権を付与する。このとき通常，他の当該市場において他の販売代理店を認めない排他的（Exclusive）な代理権であるか否かが明示される。

㋑　個別売買の成立

　販売代理店契約は，商品売買に関する基本契約として位置づけられ，個別の商品の売買をどのように行うかという方式が概括的に約定されることが多い。

　加えて，販売代理店契約では，商品の売買価格，商品の発注や配送の方法，所有権や危険の移転時期，代金の支払方法等も約定される。

(ウ)　販 売 目 標

　販売目標は，販売代理店契約における重要な経済条件となる。加えて，関連
する販促活動の内容や評価方法も合意されることもある。

　この販売目標が未達の場合，どのような法的効果が約定されるかが重要であ
る。販売委託側に強い権利を設定する場合としては，最低購入数を設定し未達
であった場合に契約の解除事由とすることや，独占的な販売代理権を非独占的
な権利に転換することなどが考えられる。一方，単なる努力義務にとどめるこ
ともある。

(エ)　販売促進のための各種義務等

　販売促進につなげるための義務が約定されることもある。一定数の在庫を持
つ義務，特定の方法で広告・販売活動を行う義務，ブランドの使用に関する義
務，これらの義務の履行のために一定の資本金や店舗数を維持する義務等が一
例である。

　また，アフターサービスも販売代理店が行う場合，当該サービスに関する合
意も必要となる。

(オ)　契約の終了

　販売代理店契約においては，特に契約の終了に関して紛争になることが多い
ため，終了条項は特に明確に定めておく必要がある。

　販売委託者の観点からは，契約期間は短めに設定し，代理店側から長期の契
約関係継続の期待を過度に高めないという工夫をすることも考えられる。

(3)　インド特有の留意点

(ア)　代理店保護法制

　インドには，中東諸国やインドネシアのように代理店や販売店との取引関係
を一般的に保護する法令は存在せず，一部業法上の要請を除き当局への代理店
の登録義務もない。

　継続的な契約関係の解消は，衡平法（equity）に反するような例外的な場合
を除き，契約上の規定に従う限り基本的に有効である。販売代理店契約の無理

由解除も，契約上明確に合意されていれば原則として有効である。日本におけ
る，いわゆる継続的契約の解除の制限に当たる議論は判例法上も見当たらない。

㈠ 契約不適合責任

　インドには，あらゆる商品に適用される法定の契約不適合責任はないが食品
や医薬品等，商品によっては特別法又はその下位規制において，一定の品質保
証責任がある。

Ⅲ

現地事業
運営

1　会　社　法

(1)　2013年新会社法の成立

(ア)　2013年新会社法成立の背景

インドの会社を規律する法律は，2013年に制定された会社法（Companies Act, 2013）（以下「2013年会社法」又は単に「会社法」という）である。同法は連邦法であり，州にかかわらずインドの全ての会社を規律する。2013年会社法は，英国会社法の影響を強く受けており，規律の概要は日本の会社法と近い部分も多い。

2013年会社法が制定される以前は，インドの会社の設立，運営，清算等については1956年に制定された会社法（Companies Act, 1956）（以下「旧会社法」という）が規定していた。しかし，旧会社法は，1956年に成立した後大幅な見直しがされず，他方でインド企業省（MCA）による通達も含めた度重なる細かい改正により，重複した規定が存在するなど非常に煩雑な法制になっていた。そのため，従前から改正の必要性が指摘されていた。

また，2009年1月，インドのIT業界で第4位の位置づけにあった大手上場企業において，約10億米ドルに及ぶ大規模な粉飾決算が創業家会長の主導により行われていたことが明らかになった。粉飾決算の過程では，営業利益・現預金の水増し，債務過小評価，隠蔽のためのM&A等が行われた。これにより，インド株式市場に投資してきた外国投資家が一斉に株式を売却し，ムンバイ株式市場は急落した。

もともとインドでは，上場企業においてもいわゆるプロモーターと呼ばれる創業家一族の会社支配権が非常に強く，コーポレートガバナンスの弱さが指摘されていた。そして，2001年には，上場企業が締結を義務づけられる上場契約において，外部会計監査人による監査や独立取締役の採用を義務づける規定が設けられた（ムンバイ証券取引所上場契約49条）。そのような努力にもかかわらず，上記のように，新興産業の象徴ともいえる大手IT企業において粉飾決算事件が生じたことから，コーポレートガバナンスに関する規制強化の気運が

一気に高まった。

　このような改正の経緯が背景にあるため，2013年会社法は，コーポレートガバナンスに関する規制強化という側面が強い。逆に，外資誘致の促進などの政策的配慮は特段されていないため，外国投資家にとって旧会社法と比べて特に利便性が高くなったわけではない点に注意が必要である。

　2013年会社法は，制定直後から規制の緩和を求める経済界の要望を受け，2015年に成立し施行された会社法改正法（以下「2015年改正法」という）により重要な内容が変更されている。また，2017年12月に会社法改正法（以下「2017年改正法」という）が国会で可決され，2018年1月3日に成立した。

(イ)　成立／施行に至る経緯

　2013年会社法の成立に関する経緯を時系列に整理すると以下のとおりである。

2011 年	会社法案の国会提出
2012 年 12 月	国会下院を通過
2013 年 8 月	国会上院を通過
同月 29 日	大統領の署名により成立
同月 30 日	公布，1 条のみが施行
同年 9 月 12 日	定義及び罰則規定等，列挙された条項のみが施行 施行規則案に関するパブリックコメントの募集
2014 年 2 月	CSR 義務に関する施行規則の公布
同年 3 月末	他の施行規則の公布。4 月 1 日から大部分の規定が施行される旨の公表
同年 4 月 1 日	2013 年会社法の大部分の施行
2015 年 5 月 25 日	2015 年改正法の成立
同月 29 日	2015 年改正法の施行
2016 年 12 月 15 日	合併，清算等に関する通達の施行。会社法審判所（NCLT：National Company Law Tribunal）に関連する部分の施行
同年 5 月以降	関連する通達等の発出
2018 年 1 月	2017 年改正法の成立

| 2018 年 2 月 | 2017 年改正法の施行 |
| 2019 年 2 月 | 実質的所有者（SBO）に関する施行規則の施行 |

㈮　特　徴

　2013 年会社法は，全 29 章，470 の条文からなる。また，2013 年会社法に基づく多くの下位規則（Rules, Circulars, Notifications, Orders の 4 種類がある）が制定されており，これらが広義の会社法を構成する。下位規則は MCA により頻繁に制定・改正されている[1]。

　2013 年会社法では，前述した改正の経緯を背景に，コーポレートガバナンスの強化が図られている。具体的には，取締役の義務及び責任（義務に違反した場合の罰則を含む），監査人の独立性，少数株主の権利などが強化されている。

　また 2013 年会社法は，多くの規定がその規律の詳細について下位規則に委任している。これは，社会が変化しても，国会の手続を経ることなく下位規則のみを改正することにより柔軟に社会の変化に対応することができるようにとの配慮に基づくものである。しかし，その反面，実際には，既に施行されている規定であるにもかかわらず当該規定に対応する施行規則が定められておらず規律の詳細が不明な場合や，行政庁が五月雨式に施行規則を制定することから予見可能性が乏しいという側面もあるのが実際である。

　その他の特徴として，旧会社法では政府承認や裁判所の関与が必要とされ手続として柔軟性に欠けていた部分について合理化が図られるとともに，法解釈の拠り所となる定義規定も整備された。さらに，従前，1985 年疾病産業会社（特別規定）法（The Sick Industrial Companies（Special Provisions）Act（SICA）of 1985）（以下「SICA」という）として，別の法律に定められていた製造業に関する企業の事業再生に関する制度を，会社法内の制度として修正のうえ取り込んだ（**Ⅳ 5**⑴参照）。

1）　http://www.mca.gov.in/MinistryV2/companiesact2013.html で確認することができる。

㈢ 2013年会社法の一部改正

　2013年会社法は，インド会社に対し厳しい制約や要件を設けたが，それが経済活動の妨げになるとの批判を受け，2015年及び2017年に一部が改正されている。

⑵ インド会社法上の会社の種類・会社機関の構成

商号・資本金に関する規律

	非公開会社	公開会社
末尾の商号	Private Limited	Limited
最低払込資本金 2)	なし	なし

㈠ 会社の種類

　インドの会社は，上場会社と非上場会社の区別のほか，公開会社と非公開会社という区別がある。非公開会社の商号の末尾には "Private Limited"，公開会社の商号の末尾には "Limited" という文言が付される。

　最低資本金はない（2015年改正法により廃止）。最低株主数は，公開会社は7人，非公開会社は2人である。なお，2013年会社法では，「一人会社」(One Person Company) という新たな会社類型を設けているが（会社法3条(1)(c)），一人会社の株主はインド国籍を有し，かつインドに在住する自然人でなければならない。

　公開会社は，多数の者が関与し大きな事業が行われることが想定されていることから，会社法上のガバナンスの規制も相対的に厳しくなっている。これに対し，非公開会社のガバナンス規制は比較的緩やかである。しかし，上記の2013年会社法成立の背景もあり，新会社法では，非公開会社に対するガバナンス規制が全般的に強化されており，旧会社法では公開会社（及びみなし公開会社）のみに適用された義務が，広く非公開会社にも適用されることとされている。

---

2) 2015年改正法により廃止された。

　もっとも，2013 年会社法施行後，非公開会社の規制が厳し過ぎるという実務からの声に配慮し，2015 年 6 月 5 日，非公開会社の義務について，一定条件で適用を除外する企業省告示が発出され，同日施行された。企業省告示では，非公開会社について以下の点で規制が緩和された。

- 株主総会運営の柔軟化
- 取締役会権限の拡大
- 関連当事者取引規制の緩和
- マネージング・ディレクター等の居住要件の緩和

　なお，2013 年会社法上，株主総会特別決議を経て定款変更することが可能であるため，既存の公開会社を非公開会社に変更することもできる。ただし，当該定款変更については NCLT の許可が必要とされている（会社法 14 条 1 項）。

(イ)　会社機関の構成

　インドの会社機関の基本的な構成は，日本とそれほど大きな違いはない。定款の定めに従って，株主総会が会社の根本に関する重要な意思決定を行い，取締役会が通常の業務に関する意思決定を行い，さらに日常業務に関する権限をマネージング・ディレクター（Managing Director），CEO 等に委任しているというのが基本的な構成である。取締役会の下部に，さらに複数の委員会が設置されることもある。

　2013 年会社法では，他の英国法系の会社法と同様，法務・書類管理等を担当する会社秘書役（Company Secretary）が会社の機関として位置づけられている。また，2013 年会社法では，一定規模の会社について，取締役会の下部の機関として，監査委員会，指名報酬委員会，CSR 委員会，利害関係者委員会等の設置も必要とされているが，これらは日本の指名委員会等設置会社における委員会制度とは異なるものである。

　会計については監査人（auditor）が監査する。監査人は，日本の会社法にいう会計監査人に類似した機関であり，日本の監査役のような業務監査は行わな

会社の機関の概念図

※点線枠内は主要経営責任者を指す

い。

2013年会社法が想定する機関の概念図は上記の図表のとおりである。

(3) 株 主

(ア) 株 主 数

一人会社（株主は1人）を除き，非公開会社の株主は2人以上200人以下（会社法2条68項(ii)・3条1項(b)），公開会社の株主は7人以上（会社法3条1項(a)）でなければならない。

(イ) 株主の権利

株主の権利は，自益権（利益配当，残余財産の分配その他の利益を受ける権利）と共益権（会社の経営に参画する権利）に分類することができる。

① 自 益 権

自益権には，利益配当請求権（会社法123条）及び残余財産分配請求権（会社法327条）がある。利益配当は，定時株主総会における通常の利益配当及び取締役会決議に基づく中間配当がある。利益配当及び中間配当は，配当の宣言後5日以内に配当額を株主の指定する銀行口座に預け入れることにより支払われる（会社法123条4項・5項）。

② 共 益 権

　共益権は，株主総会における議決権と少数株主権に分類することができる。
株主総会における議決権は後記⑷で説明する。

⒲　**少数株主権**

　少数株主権は，以下のものが認められている。

10% 以上の株主保有を要件とする少数株主権	・各種株式の権利変更についての異議申立て ・臨時株主総会招集請求 ・株主総会における投票の請求 ・審判所に対する会社業務調査請求 ・和議についての異議申立て ・審判所に対する救済申立て ・クラス・アクション
株式保有割合を要件としない少数株主権	・定款等の謄写請求 ・株主総会議事録の閲覧・謄写請求 ・財務諸表の謄写請求
議決権 5% 超を要件とする権利	・株主総会招集期間の短縮に対する拒否権

⒠　**クラス・アクション**

　旧会社法の下では，合弁でのトラブルがあった場合に，少数株主の抑圧（Oppression）／経営の失敗（Mismanagement）からの救済を請求原因として，多数株主による違法行為の是正（例：譲渡制限に反する株式譲渡の差止め）を求める訴訟が提起されていた。

　2013 年会社法では，被告を拡大し（会社関係者に加え，監査人及びアドバイザーが被告に含まれている），損害賠償も救済対象に含めたクラス・アクション制度が導入されている。100 名以上（若しくは一定の株主数割合以上）又は一定の持株比率以上の株主は，①定款越権行為の禁止，②定款違反行為の禁止，③株主に対する重要事実の秘匿又は虚偽説明による定款変更決議の無効，④当該決議に基づく行為の禁止，⑤法令違反行為の禁止，⑥株主の決議に違反する行為

の禁止，⑦会社，取締役等に対する損害賠償等を命じるよう，審判所に求めることができるものとされている。

　もっとも，クラス・アクションといっても，いわゆる米国法や日本の消費者法における「クラス・アクション」とは大きく異なり，訴えを提起できる主体に消費者等は含まれない。

(オ)　実質的所有者の報告義務

　インドの会社の実質的所有者（Significant Beneficial Owners）は，当該会社（報告対象会社）に対して自らが実質的所有者であることを報告しなければならない。報告対象会社は，実質的所有者による報告を受けてから30日以内に，会社登記局（ROC）に実質的所有者の登録を行わなければならない。

　実質的所有者とは，以下のいずれかの場合に該当する者をいう。報告対象会社の株式の登録名義人（直接所有している者）は，ここにいう実質的所有者には該当しない。

株式保有	10% 以上の株式を間接的に保有している
議決権	10% 以上の議決権を間接的に保有している
配当金等の分配	10% 以上の配当等を受領する権利を間接的な株式保有を通じて保有している
重大な影響力	報告対象会社における，財務又は経営方針の決定に関して，直接的又は間接的に，重大な影響力を有している
支配力	・取締役の過半数を指名することができる権利を有している，又は ・(i)株式保有，(ii)経営権，(iii)株主間契約又は(iv)議決権拘束契約を通じて，経営方針の決定に関して，直接的又は間接的に，支配力を有している

　上記の表にいう「間接的」に保有とは，報告対象会社の株主である法人の50% 以上の株式，議決権又は配当金等を受領する権利を保有する場合で，当該持株比率に報告対象会社の株主である法人の報告対象会社に対する持株比率を乗じた数が10% 以上となる場合を指す。例えば，ある個人（X）が報告対象会社の株主である法人（A）の株式を60% 保有し，A が報告対象会社の株式を30% 保有する場合，X が保有する60% に A が保有する30% を乗じた

数は 18% で，10% 以上となるので，X は報告対象会社との関係で実質的所有者に該当する。

⑷ 株主総会

株主総会に関する主な規律

	非公開会社	公開会社
定足数（103 条）	2 人以上 定款で加重可能	5 人以上（株主数 1,000 人以下の場合） 15 人以上（株主数 1,000 人超 5,000 人以下の場合） 30 人以上（株主数 5,000 人超の場合） いずれも定款で加重可能
決議要件	普通決議：過半数 特別決議：75% 以上 定款で加重可能	同左 ただし，特別決議事項が非公開会社より多い

㋐ 開催手続

① 招 集

　定時株主総会の開催は年 1 回であり，前回の定時株主総会後 15 か月以内かつ会計年度末日から 6 か月以内に開催しなければならない（会社法 96 条 1 項)[3]。会計年度は，原則として 4 月 1 日から 3 月 31 日までである（会社法 2 条 41 項)。株主総会の開催場所は，原則として登記所在地又は登記所在地のある市町村内でなければならない（会社法 96 条 2 項)。ただし，非上場会社においては，全株主が書面又は電磁的方法により事前に同意した場合には，定時株主総会をインド国内の任意の場所で開催することができる（インド国外での開催は不可)。

　臨時株主総会は，必要に応じて取締役会により招集される（会社法 100 条 1 項)。臨時株主総会の開催場所は，原則としてインド国内でなければならないが，外国会社の完全子会社に限りインド国外で開催することができる。

---

[3]　ただし，会社登記局は最長 3 か月間株主総会の開催日の期限を延長することができる。なお，設立後最初の定時株主総会は最初の会計年度末日から 9 か月以内に開催しなければならない。

　株主総会の招集方法は，原則として開催日の 21 日前まで（非公開会社は定款でより短い日数を定めることができる）の書面又は電磁的方法による通知である。ただし，招集期間は，定時株主総会の場合は株主の（頭数の）95％ 以上の同意，臨時株主総会の場合は株主の（頭数の）過半数かつ議決権の 95％ 以上の同意を得て短縮することもできる（会社法 101 条 1 項）。招集通知には，開催日時，場所及び議題を記載し，議案の内容を説明する文書を添付しなければならない（会社法 101 条 2 項・102 条）。招集通知は，株主（株主が死亡又は破産した場合は当該株主の代理人），監査人及び取締役に送付しなければならない（会社法 101 条 1 項・3 項）。

② 　定　足　数

　定足数は，非公開会社の場合は 2 名以上である。公開会社の場合は，定足数は全体の株主数によって異なっており，株主数が 1,000 名以下であれば 5 人，1,000 人超 5,000 人以下であれば 15 人，5,000 人超であれば 30 人である（会社法 103 条 1 項）。

　株主は，株主総会に代理人を出席させることができ，代理人は定款に特別の定めがない限り株主である必要はない。しかし，代理人は発言や提案等をすることができない（会社法 105 条 1 項）。株主が法人である場合は，取締役会により株主総会に出席する代表者を選定しなければならない。当該代表者は，代理人と異なり発言及び提案等をすることができる（会社法 113 条）。

③ 　決　議　方　法

　決議方法は，出席株主による挙手（人数による多数決），電磁的方法又は投票（Poll）による（会社法 114 条 1 項・2 項(c)）。普通決議には出席株主の過半数（人数）の賛成，特別決議には出席株主の 4 分の 3 以上（人数）の賛成が必要である（会社法 114 条 2 項(c)）。

　議長又は議決権 10％ 以上若しくは払込資本 50 万ルピー以上を有する出席株主は，投票（Poll）による多数決を求めることができる。また，非公開会社で決議方法を定款に定めることができることとされているため，投票により議決権数に基づいて決議する旨を定款に定めれば，挙手による決議を排除することができる（そうしない限り，株主総会が開催される度に毎回投票による決議とすることを求めなければならないこととなる）。

　株主総会の議長は，可否同数の場合に決議の成否を最終的に決定する権限（Casting Vote）を有する（会社法107条2項）。

㈠　決 議 事 項

　株主総会決議が必要な事項として，定款変更，商号の変更，資本金の減少，第三者割当増資，自己株取得等が該当する。

　上記の他，特に株主総会特別決議による会社の同意が得られた場合にのみ，取締役会が権限を行使できる場合として，以下が定められている。これらに関し，旧会社法では普通決議で足りるという解釈がとられていたものの，新会社法では株主総会の特別決議が必要であると明確に規定された。

- 事業の全部又は重要な一部の譲渡
- 合併の結果会社が受領した補償の投資
- 払込済株式資本と準備金を超える資金の借入
- 取締役からの負債の返金又は支払の猶予

㈡　利益相反取引

　利益相反取引については，承認を得るにあたり，議題に取締役，主要経営責任者，その親族等が利害関係を持つ場合，これを参考書類に記載する義務がある。これに違反した取締役には罰金刑の刑事罰と，これに対し補償を求める会社の権利が定められている。

(5)　取締役・取締役会

取締役・取締役会に関する主な規律

	非公開会社	公開会社
取締役の人数	2人以上15人以下 一人会社の場合1人以上15人以下 株主総会決議により16人以上	3人以上15人以下 株主総会決議により16人以上とすることも可能

	とすることも可能	
取締役の任期	定款の定めによる	全取締役が毎年の定時株主総会で退任する旨定款で定めない限り，3分の2以上の取締役をローテーションにより退任する取締役としなければならない。その取締役は毎年の定時株主総会で3分の1ずつ退任する。
居住取締役	最低1人必要	同左
女性取締役	不要	①上場会社又は②資本金10億ルピー以上若しくは売上高30億ルピー以上の公開会社は必要
独立取締役	不要	①上場会社又は②資本金1億ルピー以上，売上高10億ルピー以上若しくは負債総額5億ルピー超の公開会社は必要
取締役会の定足数	総数の3分の1（それが2以下となる場合は2人）	同左
取締役会の決議要件	定款の定めによる	同左

㋐　取締役と取締役会の関係

　会社を代表する機能は取締役会という会議体が有している（会社法179条1項）。取締役会は全ての会社において必要な機関である。

　取締役の授権の範囲は，通常，当該取締役が選任された際の取締役会で併せて決議される。授権の範囲はケースバイケースであるが，例えば「○ルピー以上の○○に関する契約締結に関する権限」等，業務執行の機動性の観点から，ある程度の包括的な授権がなされることがある。

㋑　取締役の就任／解任

① 　最低人数，選任等

　取締役の最低人数は，非公開会社の場合は2人，公開会社の場合は3人で

ある。

　取締役の選任は，株主総会普通決議により行われる（会社法152条2項）。定款で定めることにより，次の株主総会までの期間に限り，取締役会の決議のみにより追加の取締役（additional director）を選任することができる（会社法161条1項）。また，取締役が3か月以上インド国外にいる場合，取締役会は，定款又は株主総会決議に基づいて，代替取締役（alternate director）を選任することもできる（会社法161条2項）。

　なお，取締役会の承認があるかにかかわらず，12か月間全ての取締役会を欠席した場合は，任期中に取締役としての資格を失うことになる（会社法167条1項(b)）。

②　ローテーションによる退任

　公開会社の取締役（独立取締役を除く）は，原則としてその3分の2以上をローテーションの対象としなければならない（会社法152条6項(a)）。ローテーションによる退任義務を負う取締役のうち，3分の1又はそれに近い数が定時株主総会で退任し，また，任期の長い者から順に退任することが求められる。退任取締役を再任することは妨げられず，再任回数に関する制限もない。

　例えば，取締役が6人いる場合，4人以上がローテーションによる退任義務を負い，そのうちの「3分の1又はそれに近い数」は1人であるので，毎年1人が定時株主総会において退任しなければならないこととなる。任期の長い者が通常どおり順に退任すれば，任期の最長は4年となる。

　非公開会社については，このような規制はない。

③　取締役の欠格

　会社の行為又は経営に関わる者が犯罪若しくは詐欺的行為を行った場合，又は，会社が正当な事業原則に基づき運営されていないと認められる場合には，会社法審判所（NCLT）の審判により，特定の個人が5年間当該会社の役職員に就くのを禁じることができ，インド政府は，会社法審判所へ審判を申し立てることができる。

㋒　一定の取締役の設置義務

　2013年会社法では，居住取締役，独立取締役及び女性取締役という新たな

概念が導入されている。

① 居住取締役

　会社法の適用される全ての会社において，居住取締役を最低 1 名設置することが必要である。居住要件とは，当該会計年度に 182 日以上インド国内に滞在していたことを意味する。

② 独立取締役

　(a)上場会社又は(b)資本金 1 億ルピー以上若しくは売上高 10 億ルピー以上若しくは負債総額 5 億ルピー超の公開会社は，取締役全体の 3 分の 1 以上の人数の独立取締役を選任しなければならない（会社法 149 条 4 項）。また，後述するとおり，監査委員会，指名報酬委員会及び CSR 委員会においても独立取締役を委員に加えるべき旨が規定されている（会社法 135 条 1 項・177 条 2 項・178 条 1 項）。

　上述のとおり，独立取締役はローテーションによる退任義務の対象とはならず，任期は 5 年である。株主総会特別決議及び再任に関する取締役会報告における開示がされることにより，2 期まで再任されることができる。また，独立取締役の退任後 3 年を経過すれば，改めて取締役として再任することができる。

　日系企業が独立取締役選任義務の適用を受ける場合，適任者を探索しなければならない。独立取締役の候補者としては，例えば，過去に駐在経験のある会社の OB，取引先の従業員，インド人弁護士等が考えられるが，候補者ごとに個別に資格要件を確認する必要がある。

　独立取締役の資格要件は，以下のとおりである（会社法 149 条 6 項）。インド国籍者やインド居住者である必要はない。

マネージング・ディレクター，常勤取締役，nominee director 以外であり，かつ
- (a) 高潔，専門的知識と経験を持つ
- (b) 現在又は過去に会社グループ（会社，親会社，子会社，関係会社）のプロモーターでなく，またプロモーター又は取締役の親族でない
- (c) 直近 2 会計年度＋本年度において，会社グループ・プロモーター・取締役

との間で，
- 自らが金銭関係がない⁴⁾，かつ
- その親族が一定額（総売上高若しくは総所得の2% 又は500万ルピーの低い方）以上の金銭関係がない⁵⁾

(d) 自ら・親族が以下に当たらない
  (α) 任命直前3 会計年度における会社グループの
- 主要経営責任者・従業員（親族が従業員に過ぎない場合を除く）
- 監査法人又はその売上の10% 以上を占める法律事務所・コンサルティングファームの従業員・経営者・パートナー

  (β) 合計で会社の議決権の2% 以上を保有
  (γ) 会社と関係がある一定の非営利団体の役員
(e) 金融，法律，経営，販売，総務，研究，会社のガバナンス，技術運営，その他会社の事業に関する分野の1つ又は複数についてスキル，経験，知識を有する

③　女性取締役

（a)上場会社又は(b)資本金10 億ルピー以上若しくは売上高30 億ルピー以上の公開会社は，最低1 人の女性取締役を選任しなければならない（会社法149条1 項第2 ただし書き）。

㈓　取締役の責任・義務

①　善管注意義務

取締役は会社，従業員，株主，コミュニティの最善の利益及び環境保護のために行動しなければならない（会社法166 条2 項）。取締役は，旧会社法の下でも，コモンロー上の義務として，会社の最善の利益のために行動する義務を負うと解されていたが，2013 年会社法はこの善管注意義務を明文化したものである。善管注意義務は，常勤・非常勤の別や大株主から派遣されているか少数

---

4)　ここにいう「金銭関係」には，取締役報酬の受領や，収益が当該者（個人）の総収入の10% 以下である取引は含まれない。
5)　ここにいう「金銭関係」には，500 万ルピー又は払込資本（paid-up capital）の2% 以下の当該会社等の株式又は持分の保有等は含まれない。

株主から派遣されているかにかかわらず，全ての取締役が負う。

② 義務違反役員の民事責任

善管注意義務に違反した役員は，民事上の損害賠償義務を負う。

ある取締役の不正行為（misconduct）について他の取締役（「非関与取締役」）が責任を負うかという点について，理論的には，非関与取締役が対象取締役の不正行為の準備に関与し，又は，過失によってこれを抑止しなかったという場合でない限りは，非関与取締役は責任を負わないと考えられる。しかしながら，不正行為の準備への関与や過失による不作為（例えば，取締役会の招集通知を通じて知り得たのに異議を述べなかった場合もこれに該当し得る）等，事実認定によっては非関与取締役も責任を負い得る点に留意が必要である。

役員のうち，独立取締役及び非業務執行取締役（プロモーター及び主要経営責任者を除く）は，(a)取締役会を通じて知り，同意若しくは黙認していた会社の作為・不作為又は(b)任務懈怠についてのみ責任を負う（会社法 149 条 12 項）。

③ 義務違反役員と各種違反に対する刑事責任

義務違反役員（officer who is in default）については，会社法等に罰則規定が設けられている。後記(8)を参照されたい。

(オ) 取締役の報酬

取締役の報酬は，附属定款又は株主総会の普通決議により決定される（会社法 197 条 4 項）。これに加え，公開会社の役員報酬には，以下の規制がある。

原則として，取締役の報酬の合計額は，会社の当期純利益の 11% が上限とされている（会社法 197 条 1 項）。ただし，株主総会の普通決議を得た場合には，下記に掲げる上限額までは，会社の当期純利益の 11% を超えた報酬額を定めることができる。さらに，株主総会の特別決議を得た場合には，下記の上限を超えて取締役の報酬を定めることもできる。

実効資本（effective capital）の額	取締役報酬の上限（年額）
5,000 万ルピー未満	600 万ルピー
5,000 万ルピー以上 10 億ルピー未満	840 万ルピー
10 億ルピー以上 25 億ルピー未満	1,200 万ルピー

25 億ルピー以上	1,200 万ルピー＋（実効資本が 25 億ルピーを超える額×0.01％）

上記 11％ の取締役報酬総額上限規制に加え，

①１人のマネージング・ディレクター（MD），常勤取締役又はマネージャー（「MD 等」）に支払われる報酬は，会社の当期純利益の 5％ まで（これらの者が複数いる場合には合計で 10％ まで）という規制，

② MD 等がいる場合の他の取締役（「非 MD 等」）の報酬は，MD 等がいる場合は（"if there is a managing or whole-time director or manager"）合計で会社の純利益の 1％ まで（それ以外の場合には合計で 3％ まで）という規制がある。ただし，株主総会の特別決議によりこれらの規制を上回る報酬を支払うこともできる。

また，公開会社が銀行，公的金融機関，転換権のない社債権者又は担保付債権者に対してデフォルトを生じさせている場合には，株主総会の決議を得る前に，銀行等からの同意を取得しなければならない。

㈹　取締役会の開催・決議
①　決 議 事 項

法令及び定款で株主総会の権限とされる決議事項以外，全ての事項について決議することができる。

- 株式の払込みを行わない株主に対する払込請求
- 自己株式取得
- インド国内外における証券の発行（債務証書を含む）
- 借入れ
- 会社資金の投資
- 融資，保証又は担保提供
- 財務諸表及び取締役会報告（Board Report）の承認
- 事業多様化
- 組織再編
- 他社の買収等

② 開 催 方 法

取締役会は年4回以上，前回の取締役会開催後120日以内に開催しなければならない（会社法173条1項）[6]。7日前までの各取締役の登録住所への書面での招集通知が必要（手渡し，郵便，電子メールの方法が可能）というのが原則である。ただし，1名以上の独立取締役が出席した場合は，招集期間の短縮が可能である。

定足数は，旧会社法と同様，取締役全員の数の3分の1（端数が出る場合には切り上げ）又は2人のいずれか多い数である（会社法174条1項）。後記のテレビ会議による参加者も定足数に算入することができる。

開催地については，株主総会と異なり，会社の登録住所地やインド国内で行わなければならないという規制はなく，日本で開催することも可能である。

また，取締役会の書面決議は，電子メールやファックスといった電磁的方法によっても認められる（会社法175条1項）。書面決議の決議要件は，日本（取締役全員の同意が求められる）とは異なり，取締役の過半数の賛成である。ただし，3分の1以上の取締役が取締役会の開催を求めた場合は，書面決議をすることができない。

③ テレビ会議

テレビ会議システムを通じて取締役会に参加した取締役は，定足数の算定上出席者として数えることができる（会社法173条2項）。

2017年会社法改正により，取締役会に物理的に出席している者により定足数が満たされる場合には，それ以外の取締役はテレビ会議システムにより出席することができるものとされている。

もっとも，以下の事項については，テレビ会議システムを通じた取締役会において決議することができない。

(a) 毎年の財務諸表の承認
(b) 取締役会報告書の承認

6) 会社設立後最初の取締役会は，設立後30日以内に開催しなければならない。

(c)　目論見書の承認
(d)　監査委員会の会議の実施
(e)　組織再編の実施の承認

　テレビ会議システムを通じて取締役会に参加しようとする取締役は，会社がテレビ会議の準備をするために十分余裕のあるタイミングで通知する必要がある。また，テレビ会議を実施した場合，録画及び媒体の保存を行う必要があることから，多分に技術的な対応を要することにもなる。したがって，実務的な対応としては，外部業者に委託することも考えられる。

㈱　関連当事者取引

　関連当事者取引とは，会社に一定の影響を及ぼし得る関係にある者（「関連当事者」）と会社との間における資産の移転，役務提供等の取引をいう。2013 年会社法は，関連当事者取引を実施する場合，会社の利益が損なわれることのないよう，開示義務や株主総会決議等の手続的要件を課している。
①　関連当事者の範囲
　関連当事者とは以下の者を指す（会社法2条76項）。

(a)　取締役又はその親族
(b)　主要経営責任者又はその親族
(c)　取締役，マネージャー又はその親族がパートナーである団体
(d)　取締役又はマネージャーが株主又は取締役である非公開会社
(e)　取締役若しくはマネージャーが取締役であり，かつ当該取締役若しくはマネージャーがその親族と合わせて払込資本の 2% 超の株式を保有する公開会社
(f)　その取締役会，マネージング・ディレクター又はマネージャーが取締役又はマネージャーの助言，指示若しくは指図に従い活動している法人
(g)　その者の助言，指示若しくは指図に従い取締役又はマネージャーが活動している場合における当該者
(h)　親会社，子会社若しくは関連会社，又は親会社の別の子会社（兄弟会社）

> （i） その他施行規則等で別に定める者（親会社，子会社又は関連会社の取締役又は
> 主要経営責任者又はその親族）

② 外国の親会社の関連当事者該当性

　外国の親会社がインドの会社にとって関連当事者に該当するかについては議論がある。すなわち，日本の会社がその子会社の現地法人と規制の対象となる取引を行う際に，当該現地法人の機関決定として株主総会の特別決議を経る必要があるかという論点があった。

　問題の所在は，以下のとおりである。2013 年会社法上，会社（company）とは，インド会社法に基づいて設立された会社をいう（会社法 2 条 20 項）。そして，ある会社とその持株会社（holding company）との取引は，関連当事者の定義に含まれるが，ここで「持株会社」とは，他の会社が子会社（subsidiary company）の定義に該当する場合の「ある会社（a company）」をいう（会社法 2 条 46 項）ところ，「ある会社（a company）」は，会社法 2 条 20 項の定義に従えば，インド会社法に基づいて設立された会社ということになってしまう。

　この点について 2017 年会社法改正では "company" との用語を "body corporate" という用語に改正し，インド国外で設立された会社が関連当事者に含まれることを明確化した。

③ 関連当事者取引の規制内容

　対象取引類型は以下のとおりとされており，それぞれに小規模取引の基準（軽微基準）が設けられている。

対象取引	軽微基準
商品の販売，購入又は供給	売上高の 10% 未満
資産の譲渡その他の処分又は譲受け	純資産の 10% 又は 10 億ルピー未満
資産の賃貸	売上高の 10% 未満
サービスの利用又は提供	売上高の 10% 未満
商品等の販売等に関する代理人の選任	（本表の各類型に応ずる）
会社，子会社又は関連会社における役	月額報酬 25 万ルピー未満

職等への選任	
会社の有価証券等の引受け	純資産の 1% 未満

　関連当事者取引の承認の要否の判定基準については以下の図表を参照された
い。

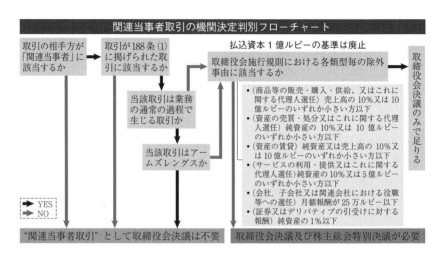

関連当事者取引の機関決定判別フローチャート

取引の相手方が「関連当事者」に該当するか

取引が188条(1)に掲げられた取引に該当するか

当該取引は業務の通常の過程で生じる取引か

当該取引はアームズレングスか

払込資本 1 億ルピーの基準は廃止

取締役会施行規則における各類型毎の除外事由に該当するか

- （商品等の販売・購入・供給，又はこれに関する代理人選任）売上高の 10% 又は 10 億ルピーのいずれか小さい方以下
- （資産の売買・処分又はこれに関する代理人選任）純資産の 10% 又は 10 億ルピーのいずれか小さい方以下
- （資産の賃貸）純資産又は売上高の 10% 又は 10 億ルピーのいずれか小さい方以下
- （サービスの利用・提供又はこれに関する代理人選任）純資産の 10% 又は 5 億ルピーのいずれか小さい方以下
- （会社，子会社又は関連会社における役職等への選任）月額報酬が 25 万ルピー以下
- （証券又はデリバティブの引受けに対する報酬）純資産の 1% 以下

取締役会決議のみで足りる

➡ YES
➡ NO

"関連当事者取引" として取締役会決議は不要　　取締役会決議及び株主総会特別決議が必要

(6)　委　員　会

　上場会社又は一定の規模以上の会社（非公開会社を除く）は，取締役会の下に，
監査委員会，指名報酬委員会，CSR 委員会及び投資家関係委員会を設置しな
ければならない。各委員会の概要は以下のとおりである。

委員会に関する主な規律

	監査委員会	指名報酬委員会	CSR 委員会	投資家関係委員会
設置義務	①上場会社又は②資本金1億ルピー以上，売上高10億ルピー以上若しくは	①上場会社又は②資本金1億ルピー以上，売上高10億ルピー以上若しくは	純資産50億ルピー以上，売上高100億ルピー以上又は純利益5,000万ルピ	会計年度のいずれかの時点で，株主等の証券保有者が1,000人超の会社（上場

	負債総額5億ルピー超の公開会社は必要	負債総額5億ルピー超の公開会社は必要	一以上の会社は必要（上場の有無や公開・非公開を問わない）	の有無や公開・非公開を問わない）
委　員	3人以上の取締役で，そのうち過半数が独立取締役	3人以上の非業務執行取締役で，そのうち過半数が独立取締役	3人以上の取締役で，そのうち過半数が独立取締役	非業務執行取締役である委員長と，取締役会が定めるその他の者
業　務	①監査人の選任，監査人の報酬及び選任条件の推薦 ②監査人の独立性・実績及び監査手続の効果の評価・監視 ③財務諸表及び監査報告書の検査 ④関連当事者取引の承認・変更 ⑤企業間貸付及び投資の調査 ⑥事業又は資産の評価 ⑦内部金融監督・危機管理システムの評価 ⑧公募資金の使途の監視	①取締役候補者の推薦 ②取締役の遂行業務の評価に関する手法の策定 ③取締役の適格性等に関する基準の策定 ④取締役，主要経営責任者その他の従業員の報酬に関する基本方針の推薦	①CSRポリシーの策定及び取締役会への推薦 ②CSR活動への支出額の推薦 ③CSRポリシーの監視	会社の有価証券保有者の苦情処理

(7)　その他の機関

KMP，秘書役，監査人に関する主な規律

	非公開会社	公開会社
KMP の設置	不要	①上場会社又は②資本金 1 億ルピー以上の公開会社は必要
秘書役の設置	資本金 5,000 万ルピー以上の会社は必要	同左。上場会社は必要
秘書役による監査	不要	①上場会社又は②資本金 5 億ルピー以上若しくは売上高 25 億ルピー以上の公開会社は必要
監査人の設置	必要。監査法人又は会計士	同左
監査人のローテーション	資本金 2 億ルピー以上又は借入金・社債・預託金の総額が 5 億ルピー超の会社は必要	資本金 1 億ルピー以上又は負債総額 5 億ルピー超の会社は必要

⑺　主要経営責任者（KMP：Key Managerial Personnel）

　主要経営責任者とは，(a) CEO（最高経営責任者），マネージング・ディレクター[7]又はマネージャー[8]，(b) 会社秘書役（外部会社秘書役を含む），(c) 常勤取締役及び(d) CFO をいう（会社法 2 条 51 号）。マネージング・ディレクター，マネージャー及び常勤取締役は，取締役会決議により選任され，当該取締役会の後に開催される株主総会における普通決議により承認される（会社法 196 条 4 項）。選任後は，60 日後に会社登記局に登記しなければならない（同項）。

　上場会社又は払込資本 1 億ルピー以上の公開会社は，常勤の主要経営責任者を設置しなければならない（会社法 203 条 1 項）。ただし，マネージング・ディレクターとマネージャーを同時に選任することはできない（会社法 196 条 1

---

[7]　マネージング・ディレクターとは，附属定款，会社との契約又は株主総会若しくは取締役会の決議に基づき，会社の全体的な運営を行う取締役をいう（2 条 54 号）。日本にいう代表取締役のイメージに近い。

[8]　マネージャーとは，取締役会に従って会社の全体的な運営を行う者をいう（2 条 53 号）。

項)。非公開会社はマネージング・ディレクターを選任する義務はないが，任意に選任する場合には選任手続等について会社法に従わなければならない。

なお，CEO や CFO については，インドの会社には実体としては従来から存在していたものの，旧法では法的規制がなく，私腹を肥やす温床となる役職として批判が多かった。そこで，2013 年会社法では主要経営責任者という概念に含め，法的位置づけと責任を明文化している。

(イ) 監 査 人

監査人は，日本の会計監査人に類似し，会計監査を行う。監査法人又はインド勅許会計士が監査人となる。任期は原則 5 年間である。

監査人にはローテーションという再任制限が課せられており，監査法人の場合は 2 期 (10 年間)，自然人の場合は 1 期 (5 年間) 監査人を務めた後 5 年間は監査人に就任することができない (会社法 139 条 2 項)。再任されるためには，5 年の期間を空ける必要があることになる。監査人の独立性を担保するための規制である。

(ウ) 会社秘書役 (Company Secretary)

会社秘書役はインドにおけるいわゆる資格職になり，資格試験に合格し，一定の実務経験を経た後に会社秘書役協会に登録する (メンバーになる) ことで，はじめて会社秘書役になることができる。会社秘書役を選任する際には，既に会社秘書役協会の会員として会社秘書役登録をしている者を対象にする必要がある。

会社秘書役について明示的な兼任規制は見当たらないものの，選任後は当該会社の会社秘書役として ROC に登録される。具体的な職務の一例としては，取締役会や株主総会の議事録作成や開催手続のコンプライアンスの確認といったものが挙げられる。

なお，2013 年会社法及び主要経営責任者選任及び報酬施行規則において，非公開会社は会社秘書役を含む主要経営責任者の選任義務の対象とされなかったことから，常勤の会社秘書役の選任義務がなくなったと理解されていた。しかし，非公開会社に関する 2015 年 6 月 5 日の企業省告示により，同施行規則

に第 8A 条が挿入され，旧法と同様に，払込資本金が 5,000 万ルピー以上の会社には常勤の会社秘書役を選任する義務が課されることが確認された。

(8)　罰 則 等

㋐　罰 則 強 化

2013 年会社法では，各種刑事罰が強化されている。

また，会社法の義務について特に罰則が定められていない規定について違反があった場合，会社及び違反に関わった職員その他の者（the company and every officer of the company who is in default or such other person）に対して，1 万ルピー以下の罰金（違反が継続する場合は，一日当たり 1,000 ルピー以下の罰金）を科す旨の規定を設けている。

㋑　義務違反役員（officer who is in default）

会社という法人の法令違反行為により，取締役である個人が刑事責任を負う制度である。2013 年会社法において，対象範囲が拡大されており，具体的には以下の者が義務違反役員に該当する（2 条 60 項）。

① 常勤取締役
② 主要経営責任者（主要経営責任者がいない場合は，取締役会が指定し，書面により当該指定に同意した取締役。当該指定がないときは全ての取締役）
③ 取締役会又は主要経営責任者から授権された会計又は記録の保管，届出又は送付等の責任者
④ 取締役会に指導，指示又は指図を行っている者
⑤ 会社法違反を知り，又はこれに同意し若しくはこれを黙認した者
⑥ 株式の発行又は譲渡に関する株式譲渡代理人，会社登記局及びマーチャント・バンカー

⑼ その他

㋐ CSR義務

① CSR要件

公開会社か非公開会社かを問わず，以下のいずれかの要件を満たす場合には，後述するCSR義務が発生する。また，このCSR義務は，インド国外で設立された外国会社にも及ぶ（384条2項）。

> (a) 純資産が50億ルピー以上
> (b) 売上高が100億ルピー以上　又は
> (c) 純利益が5,000万ルピー以上

なお，ここでの「純利益」とは，インド会計基準に従って計算されることになる。会社法上明確ではないが，税引前の金額を指すものと解されている。

CSR活動義務発生要件は，直近の過去3決算年度において判定される（2017年改正法によりその旨が明確化された）。したがって，2020年度における義務の有無は，その直近の3決算年度である2017年度から2019年度の数値により判定されることとなる。

② CSR活動

教育の推進，男女同権・女性の権利強化の推進，環境の持続可能性の確保，雇用機会を増大させる職業訓練等，2013年会社法別紙7に記載された活動が含まれる。

海外持株会社によるインドにおけるCSR活動のための支出は，CSR支出がインド子会社を通じなされたものであって，新会社法135条に基づき当該インド子会社による支出が必要とされる場合には，インド子会社によるCSRのための支出として認められる。

また，CSR活動は，プロジェクト又はプログラムとして実施される必要がある。マラソン大会，表彰，慈善寄付，広告，TVプログラムのスポンサーとなることなどの単発の活動は，CSR活動の支出とは認められない。

③　CSR 委員会の設置及び CSR 予算の支出

　会社は，原則として取締役 3 名以上（うち独立取締役 1 名以上）で構成される CSR 委員会を設置する必要がある。もっとも，非公開会社や非上場の公開会社の場合には，独立取締役の選任義務自体がないことから，CSR 委員会の構成上も独立取締役の選任義務はない。さらに，取締役が 2 名の非公開会社であれば当該 2 名のみで CSR 委員会の設置が可能である。

　会社は，直近 3 年の平均純利益の 2% 以上の金額を CSR 活動に向けた支出のため，予算確保する必要がある。ここで「純利益」とは，税引前の純利益を意味する。

　継続中の CSR プロジェクトに係る CSR 予算のうち残額（未支出のもの）がある場合には，会社は，当該残額を会計年度終了後 30 日以内に特別の口座に移転させなければならない（もし，会計年度終了時に継続中の CSR プロジェクトが存在しない場合には，当該残額は直接後述する「別紙 7 口座」に移転させなければならない）。当該口座は，「未支出 CSR 口座」と呼ばれ，当該口座から生じる利子は当該移転の日から 3 会計年度以内に CSR プロジェクトのために使用しなければならない。

　もし，会社が未支出 CSR 口座の合計金額を 3 会計年度以内に支出できなかった場合には，会社は，その会計年度の終了から 6 か月以内に会社法別紙 7 で定められた銀行口座（「別紙 7 口座」）に移転しなければならない。別紙 7 口座としては，具体的には国の社会保障口座（Prime Minister's National Relief Fund）その他の国が特定のカースト，部族，マイノリティや女性の社会経済的発展及び福祉・保障のために設けた口座が指定されている。

　なお，会社が設立以後 3 会計年度を終えていない場合は，直前会計年度の当期純利益の 2% に相当する額を CSR 予算としなければならない。

　会社が CSR 予算を支出しなかった場合，5 万ルピー以上 250 万ルピー以下の罰金が科される。また，その会社の全ての役員（officer）について 3 年以下の懲役若しくは 5 万ルピー以上 50 万ルピー以下の罰金又はこれらの併科となる。直ちに CSR 義務違反になるわけではなく，取締役会は，取締役会報告（Board Report）において理由の説明を尽くす必要がある。なお，取締役会報告においては，施行規則が指定する様式で CSR に関する年次報告についても報

告対象とする必要がある。また，取締役会は，承認した CSR 指針を取締役会
報告だけでなく，当該会社がウェブサイトを有している場合には当該ウェブサ
イトにも掲載する必要がある。

(イ)　休眠会社（dormant company）

　2013 年会社法により，将来のプロジェクトのため又は資産・知的財産を保
有するため，重要な会計上の活動（significant accounting transaction）を行わない
会社は，登記局に申請し，休眠会社となることが可能となった。休眠会社化し
た場合，事実上活動しない会社を単純にそのまま存続させておくより，存続の
ための負担・コストが軽減されると考えられる。

　休眠会社となるには，株主総会の特別決議による承認のうえ，所定のフォー
ムを当局に提出することが必要である。休眠会社として認められる要件として，
当局の調査や刑事手続が開始されてないこと，未払ローンがないこと，経営に
関する紛争がないこと，未払租税債務がないことなど，休眠会社として申請す
る場合の要件が課されている。

　休眠会社でも，公開会社ならば 3 名，非公開会社ならば 2 名の取締役が必
要であるが，休眠会社となった場合，監査役のローテーションは不要とされて
いる。また，Return of Dormant Companies という年次書類を提出する必要が
ある。

2　契約法その他私法

(1)　法の枠組み

　インドにおいて契約関係に適用されるのは，インド契約法（Indian Contract Act, 1872）（以下「契約法」）である。その他に，例えば物品売買においては，物品販売法（Sales of Goods Act, 1930）があるなど取引に応じて個別法令が適用されるが，契約法以外に，日本のように私人間の関係に広く適用される民法や商人間に広く適用される商法に相当する法律はない。

(2)　契約の内容に関する留意点

㋐　契約法上無効となるリスクのある規定

　インド契約法 27 条は「いかなる契約も，ある者が適法な職業，取引又は事業を行うことを禁止する場合は，その限りにおいて無効である」と定める。

　特に契約終了後に一方当事者の職業の自由を制限する各種義務（合弁契約終了後の競業避止義務，従業員退職後の同業事業者への転職・競業禁止等）については，本条との関係で有効性が否定されることが多い。

㋑　相殺権設定の必要性

　日本の民法においては，相殺適状にあれば，相殺権を行使することができ，契約上の定めは特に必要ない。他方で，インドにおいては，法令上，相殺適状にあれば，当然に相殺権を行使できるという建て付けにはなっておらず，契約上，当事者間で相殺について合意しておくことが必要である。また，相殺についての合意と併せて，期限の利益喪失条項（支払期限や倒産等申立て時等）や，債権譲渡禁止条項を規定しておくことも重要となる。

㋒　損害賠償の制限

　インド契約法上は，契約違反によって通常生じる損害及び契約締結時に当該違反によって生じる可能性があることを違反者が予見していた損害の賠償を請

求することができる。一方，いわゆる間接損害（当該違反から間接的に派生する損害）については契約等で別途定めない限り，損害賠償請求の対象とはならない。

㊂　金利の制限

インドにおいては，日本の民法のように金利に関する法令の規定が存在しないため，原則として契約での取決めに従った金利負担となる。商取引においては，一般的なインドの銀行預金利息を踏まえて年利15〜20％程度の範囲で遅延利息などの合意がなされることが一般的である。契約上の合意がない場合は，裁判官が裁量で金利を決定する。

銀行や金融機関による貸付を除き，金利上限については規制はないが，あまりに高い金利は，不合理又は懲罰的な賠償であるとして無効となる場合がある。

㊄　代理店契約に関する紛争の予防

インドには，代理店や販売店との取引関係を一般的に保護する法令や登録制度はない。したがって，契約に従って契約を解除する場合，法令上は特段の問題は生じない。

しかし，契約に従い契約を解除した場合であっても，インド企業が解除を不服として訴訟を提起する例が少なくない。インドにて一旦訴訟になると，解決に10年ほどの時間を要する場合もあるなど，最終的な解決に至るまで，長期の時間とコストを要する。そのため，代理店を起用する場合には，契約を締結する段階から，将来のエグジットプランにおける紛争予防を念頭に置いて，契約書を作り込んでおくことが必要となる。例えば，代理店権限の範囲（製品，地域，販売先の特定），期間，終了事由等については，明確に合意しておくことが必要となる。また，契約解除に際して，インド企業は担当者レベルの口約束での独占期間の存在を主張する，あるいは，顧客開拓に際して多額の投資をしたこと等を理由に損害賠償を求めてくることもあるので，契約書上，特に明確にインド企業の権利義務を定めておく必要がある。

(3)　契約締結の方式に関する留意点

㋐　印　紙　税

　インドにおいては，契約の種類を問わず国内で締結された全ての契約書について，原則として，締結時又はそれ以前に，適用ある州の印紙税法に従った印紙税の納付（印紙貼付又は印紙税の電子納付等）が必要とされる。印紙税納付がなされない契約書は，インドの裁判所において証拠とすることができない。税額は，各州の印紙税法により異なる。印紙税が課せられるのは，基本的にはインド国内で締結された契約書であるが，インド国外で締結された契約についても，その後国内に持ち込まれた場合（契約のソフトコピーがメールでインドに送られた場合も含む）にはインドの印紙税法の適用があり，原則として持ち込みから3か月以内に納付が必要となる。

　また，印紙税納付の際には，各州法所定の書式に従った印紙貼付欄を用意するなどの契約書のフォーマット調整作業も必要となる。外国当事者はこれら印紙税納付に伴う作業を行うことが事実上困難であるため，調印の際には，インドに所在する当事者側が必要部数の契約書を印刷製本し，印紙貼付も行ったうえで，外国の相手方当事者に対し送付するという段取りをとることが実務慣行となっている。

㋑　署名権限の確認

　インドにおいては，会社法（Companies Act, 2013）上，日本の代表取締役に相当する法令に基づく包括的な代理権を有する地位に該当する者がいない。マネージング・ディレクタも，会社定款又は取締役会で授権された範囲のみで権限を有しているにとどまる。その意味で，契約に先立ち，契約相手の署名者を確認するとともに，かかる署名者の代理権限を示す書類（主要経営責任者か，又は個別に取締役会から授権を受けた者であるかが確認できる取締役会決議等）を早めに要求しておくことが実務上重要となる。また，同様の観点から，インドの相手方より，自らの契約署名者の署名権限を示す書類を求められることも多い。

㋒　契約の形式

　契約の締結は，通常，代表権限者が契約書末尾の署名欄に署名を行う方法による。会社印（Company Seal）は存在するが，日本のように記名に代表印を押印する方法は一般的ではない。契約書が複数枚にわたる場合にその一連性を証する契印の習慣もないが，代わりに署名者が契約書の各ページの余白箇所に自身のイニシャルを振って連続性を担保することが多くみられる。

(4)　提 訴 時 効

　インドにも時効の概念はあり，時効法（Limitation Act, 1963）がこれを定めている。ただし，インドの時効は実体法上の効力はなく，一定の期間内に提訴しない場合には裁判所が訴えを却下するという手続上の効力を持つものである。

　債権の発生原因によって異なる提訴期限が定められており，例えば，契約に関する請求は3年，不動産に関する請求は12年，動産に関する請求は3年，不法行為に関する紛争は請求の内容により1年ないし3年の提訴期限が定められている。

(5)　債 権 管 理

㋐　支払の催告──Demand Notice の送付

　相手方に対するアクションとしては，日本と同様に，まず支払の催告書を送付することが一般的である。インドでは通常 Demand Letter/Demand Notice と呼ばれ，相手方に対し，債権者名義又は弁護士名義で債権の内容及び未払債権の金額等を記載して送付する。

　インドには，日本の内容証明郵便のように，いかなる内容の文書を出したかを郵便局が証明する制度はない。Demand Notice の送付には，配達記録の残る India Post の Speed Post や，定評ある業者のクーリエサービスを併用するのが一般的である。

㋑　支 払 交 渉

　インドにおいては，一般に裁判手続を通じての紛争解決に長期の時間を要するため，債権者にとって，当事者の話し合いによる債権回収を探るメリットは

大きい。債権者としては、支払方法について複数の代替案を提案する等、相手方との交渉において知恵を絞り、効率よく最大限の債権回収を図る方策を探る必要がある。

　支払計画について合意する場合には、相手方の支払を確実なものとするため、支払のスケジュール、支払方法、担保提供の有無等に関し新たな合意書を締結することが推奨される。

㈮　訴訟等による回収

　相手方との協議によっても解決しない場合には、仲裁の合意等がない限り、裁判上の手続を利用するしかない。しかし、同国の裁判所は膨大な訴訟件数を抱え機能不全に陥っており、裁判手続による紛争解決には極めて長期の時間を要する。通常訴訟において最高裁判所まで争うケースでは、最終解決までに10年以上を要することは決して珍しくない。

　したがって、第1に、契約に適切な仲裁合意を入れることが重要である（仲裁については **6**(3)参照）。また、破産倒産法（Insolvency and Bankruptcy Code, 2016）（以下「破産倒産法」）が施行されたことにより、実務上は、10万ルピー以上の支払を行わない債権者に対しては会社法審判所（National Company Law Tribunal）（以下「NCLT」）において会社再建手続の申立てを行うことにより、事実上債権回収を行う実務が一般的となっている。

① 破産倒産法を用いた債権回収

　会社再建手続の申立権者は、金融債権者（financial creditor）[9]、商取引債権者（operational creditor）又は債務者（debtor）である。当該申立てには、債務者に10万ルピー（約17万円）以上の債権の不払（default）があることが必要となる。

　商取引債権者が申立てを行う場合、手続上、まず、催告書（demand notice）又は支払督促を伴う請求書（invoice demanding payment）[10] を債務者に送付する。

---

9)　債務者に融資を行った銀行等の金融機関がこれに該当するが、貸付債権の譲渡を受けた者や、借入債務を主債務とする保証義務を履行し借入人に対する求償権を取得した保証人も含まれると解されている。

10)　破産倒産法は、催告書等の書式を規定しており（Form 3-IBC）、未払の債権額や支払期限等を明示・特定し、催告書等到着後、10日以内に、①債務者による支払、②債務者が債権が支払済と考える場合はその証票の提出、又は、③債権の存在や金額を争う場合には同書受領前に継続する訴訟等の存在の通知を行うことを求める文案となっている。

当該書類が債務者の元に到着した後，10日以内に弁済がないこと等を確認した後，管轄のNCLTに対し，当該催告書等，送付記録及び債務者から当該債務を争う旨の通知がないことの商取引債権者の宣誓書[11]等の資料を添付した申立書を提出する。申立てをうけたNCLTは，原則2週間以内[12]に会社再建手続開始決定をするか否か判断し，暫定再建専門家（interim resolution professional）を選任する。暫定再建専門家は，選任と同時に債務者の資産の管理処分権を含む経営権を取得し，債務者はこの時点で会社の経営権を失うこととなる。

　商取引債権者による会社再建手続申立てにおいては，売買契約やサービス契約などの取引契約等により債権の存在が確定していることが必要となる。そのため，契約違反に基づく損害賠償請求権，補償請求権（indemnity claim），不法行為に基づく損害賠償請求権等の不払は，債務者から支払分割の合意や債務の承認を得た場合など，債務の存在が確定したといえるような場合を除き，対象外と解されている。

②　仲裁合意がなく，また破産倒産法も活用できない場合の民事裁判手続による債権回収としては主に次の手段がある。

　(a)　民事保全手続

　①申立人の請求権の存在が疎明されること，②申立人の利益保護の必要がより高いこと（当事者の利益衡量），③（保全が認められない場合に）申立人に回復困難な損害が発生することの3要素を充足する場合において，本案判断前の財産等の仮差押えや仮処分が認められる。通常数年以上を要する本案判断が出る

---

11)　会社再建手続申立てにかかる債権は，催告書到達より前に債務者から争われていないこと（係争の不存在）が必要となる。係争（dispute）の意味については，インド最高裁が，債務者による訴訟又は仲裁の提起までは要さず，催告書到達以前に債務を実質具体的に争う意思を表示していれば足りること，また，係争の内容は，債務の金額や取引契約の対象となる製品又はサービスの質等に関するものに限定されないとの解釈を示している。この判断が示された事案においては，債権者のサービス供給契約に基づく支払請求債権について，債務者が催告書到達前に債権者に対し守秘義務契約違反を指摘する電子メールを送付していることをもって，同債権には係争が存在すると判示しており，この判示によれば，係争の意義はかなり広く解釈される余地がある。

12)　2週間という期間は法定されているものの，NCLTの処理期間を義務づけるものではなく，目安に過ぎないと判示する判例が出ている。この判例が出たこと及びNCLTへの申立て件数の増加により，開始決定までに2週間以上を要する事例が散見される。実務上，大型の重要案件が優先的に処理され，他の案件は申立てから2，3か月経っても開始決定に関する判断が出ない事案も少なくない。申立て時には，管轄のNCLTの最新の運用状況を確認する必要がある。

前に仮の判断が得られるという点で，利用価値は高いといえるが，以上の要件の充足は比較的厳密に判断されている。

　(b)　通常訴訟（Regular Suit）

　通常民事訴訟の提起は，原告が裁判所に対して訴状（Plaint）を提出することによって開始される。訴状の提出をうけた裁判所は，被告に対し，訴状提出日から30日以内に訴状の写しを添付した召喚状（Summons）を送達する。被告は原則としてその送達後30日以内に答弁書（Written Statement）を提出しなければならない。もっとも，実務上は事案の複雑性等を理由に答弁書等の提出期限について裁判所の裁量に基づく延長許可申請をすることが可能である。また，裁判期日も2〜3か月おきに指定されることが多く，審理の進行には極めて長期の時間がかかる。

　(c)　簡易訴訟（Summary Suit）

　当事者間に債権の存在及び額の争いがない金銭債権など，一定の要件を満たす金銭支払請求や，小切手などの支払請求には，通常の民事訴訟より簡易かつ迅速な手続として簡易訴訟（Summary procedure）を利用することができる。同手続においては，争いがないことを前提に，原則として被告は反論する権利を有しないが，裁判所に対し反論の許可を申し立て裁判所がこれを認めた場合には，通常訴訟の進行と基本的に同様となり，長い時間がかかることとなる。

　(d)　民事事件の刑事事件化

　インドにおいては，債務者に対し警察等を介してプレッシャーを与えることを意図して，債権不払等の事実を，fraud（詐欺）やbreach of trust（信頼関係の破壊）等の刑法犯と構成して告訴し，刑事事件化する手段も用いられることがある。債務者の対応が悪質である等，場合によっては刑事事件化することも選択肢の1つとなり得るが，報復として相手方から告訴がなされること等もあるので，事前に刑事事件に精通した専門家のアドバイスを受ける必要がある。

(6)　不 法 行 為

㋐　概　要

　コモンロー上のTort（日本の不法行為に相当する概念）という概念が存在し，契約関係にない第三者に対しても損害賠償を請求することは可能である。

(イ) 契約締結上の過失

　日本には，契約の締結に至るまでの段階で当事者の一方に帰責すべき原因があったために相手方が不測の損害を被った場合に，責めを負うべき当事者は相手方に対して損害を賠償すべきとする議論（契約締結上の過失）が存在するが，これに相当するような議論はインドではみられない。そのため，最終契約の締結に至るまでの間に，必要に応じて，合意事項を拘束力のある形で書面に落とし込んだ覚書（MOU）などを締結することも検討に値する。

(7) 製造物責任

(ア) 概　要

　インドにおいて，製造物責任に関する特別法は存在しない。その代わり，従来，旧消費者保護法（Consumer Protection Act, 1986）にて，製造物の欠陥等により損害を受けた消費者の救済手段と手続を定めていたところ，2019 年に新消費者保護法（Consumer Protection Act, 2019）が立法され，製造者等の無過失責任が明示的に規定される等，消費者保護が拡充された。また，旧法下でも，消費者の申立てについて，インド各地に設置された消費者フォーラム（Consumer Forum）が第 1 審専属管轄を有し，迅速な紛争解決が図られていたところ，新消費者保護法下では，さらに同フォーラムの利便性が向上し，消費者の便宜が図られるに至っている。

　欠陥製品等に関しても，元来，製造者にリコールを義務づける法令は存在せず，製造者が業界ルール（自動車業界等）又は自社判断に基づき，自主的にリコールを行っていた。また，消費者フォーラムが，消費者の申立てに基づき相当と思料する場合には，販売ルートからの製品撤収等リコールに類似する命令を発することにより消費者の救済が図られていた。他方で，新消費者保護法下では，新設された中央消費者保護官庁（the Central Consumer Protection Authority）がリコールの命令等を出せるようになり，より直截的な消費者保護が図られると期待されている。

(イ) 新消費者保護法における事業者等の無過失責任

　新消費者保護法下では，事業者の無過失責任が規定され，消費者は損害発生，

欠陥の存在，因果関係を立証すれば，事業者等に対して損害賠償を請求できるようになった。旧消費者保護法の下でも，裁判所において，過失の認定が事実上緩やかになされるなどして，消費者の保護が事実上図られる場合はあったが，事業者等の無過失責任が明文で規定されたことで，運用レベルで図られていた消費者保護が法律レベルで図られることになった。

　また，新消費者保護法により損害賠償責任を負う事業者等には，製造者（部品製造者，組立作業者），小売販売者のみならず，中間販売者，製品に関するサービスプロバイダーも含むとされている。消費者は，これらのうち，複数者を相手方として，申立てを行うことができる。

㋒　中央消費者保護官庁

　前述のとおり，インドではこれまで，リコールを義務づける制度が存在せず，業界の自主判断や消費者フォーラムの類似命令により消費者の保護が図られていた。新消費者保護法において新設された中央消費者保護官庁は，欠陥製品等に関し，調査を実施し，必要と判断すれば製造者にリコールを命令する等，強い権限が認められている。また，リコール調査，命令以外にも，不公正な取引慣行や，誇大広告にまつわる業務にも対応することが予定されており，消費者保護法制の要となることが期待されている。

㋓　消費者フォーラム

　消費者保護法によって，商品の欠陥やサービスの瑕疵等によって被害を受けた消費者が迅速かつ経済的に紛争を解決できるよう，これらを専門に取り扱う準司法機関としての消費者フォーラムが設置されている。その背景には，終結まで十数年かかる例も珍しくないとされる慢性的な訴訟の遅延，裁判所の複雑な手続や費用負担等が背景にある。

　消費者フォーラムは一般に迅速な審理を進め消費者救済に努めており，自動車や二輪車製造業者などにおいて日系企業でも相当数の事案が係属している。

①　申立てができる主体

　消費者や消費者団体等に限られる。

　転売等の商業目的により商品を購入した者は，同法の保護の対象から除外さ

れる。

② 申立て対象となる請求の内容と管轄

　事業者の不公正取引や購入した商品の欠陥，利用したサービスの瑕疵等に基づく履行請求及び損害賠償請求が対象である。消費者は，①製品に欠陥があること，及び②製造業者等に対して通知をした（にもかかわらず当該欠陥が補修等されなかった）ことを主張すれば足りる。これに対し，製造者側は，当該損害が消費者の誤用等によって生じたものであること（製造上の欠陥ではないこと）等について立証責任を負う。消費者保護の目的に基づき，消費者に求められる立証の程度については，消費者に有利に解される傾向にあるとされる。

　商品の「欠陥」とは，「適用ある法律又は明示もしくは黙示の契約によって維持することが必要とされ，又は，商品に関して取引先（製造者を含む）により請求された品質，数量，有効性，純正性，基準における欠陥，欠点又は不足」と定義される。

　管轄については，新消費者保護法では，基準が大幅に緩和され，その訴額の合計が1000万ルピーを超えない場合には，県レベルのDistrict Forumに，1000万ルピー以上1億ルピー（約1億5000万円）未満の場合には，州レベルのState Commissionに，そして1億ルピーを超える場合には，中央レベルのNational Commissionに，それぞれ第1審の管轄があることとなった[13]。State Commission及びNational Commissionは，それぞれその下位のフォーラムの判断に対する上訴管轄も有する。

　なお，新消費者保護法では，消費者の居住地，勤務地での提訴も可能になった。

③ 消費者フォーラムにおける手続とタイムフレーム

　消費者フォーラムにおいては，原則として県，州，そして中央レベルという，いわゆる三審制がとられている[14]。

　申立人は，請求の内容を記載した申立書を消費者フォーラムに提出する必要がある。製品欠陥等が問題となる事案では，District Forumは，原則として，

[13] 消費者保護法11条，17条及び21条。
[14] 中央レベルのNational Commissionの判断に対しては，さらに最高裁判所に不服を申し立てることができる（消費者保護法23条）。

申立書受領から 21 日以内に申立書受理の判断を行い，さらに受理後 21 日以内に，相手方に対し事件係属に関する通知及び申立書の写しを送達する [15]。送達を受けた相手方には，原則 30 日以内（ただし，例外的にさらに 15 日までの延長が認められることもある）に，申立書に対する答弁の提出を命ずる。

　また，District Forum においては，製品等の検査分析が不要の場合には相手方への通知から 3 か月以内に，分析等が必要である場合には 5 か月以内に，判断を下す努力を行うことが定められている。State Commission 及び National Commission における上訴審については，事件係属から 90 日以内に判断される。

　証拠調べに関しては，手続進行の迅速性確保の観点から，通常の裁判所で適用される民事訴訟法や証拠法のような厳格な手続規定は適用されず，基本的に Affidavit（宣誓供述書）による証拠提出がなされる。ただし，証人の召喚や尋問，証拠資料の開示等については，消費者フォーラムも民事裁判所と同等の権限を持つとされている。

　提訴事項に関しては，原則として，請求原因事実の発生から 2 年以内に申立てが必要とされるが，提訴遅延に関し相当な理由が認められる場合には例外が許容される。

　なお，新消費者保護法では，電磁的方法による訴状提出や，ビデオ会議でのヒアリングも可能となり，より消費者の便宜が図られている。

(オ)　救 済 方 法

　消費者保護法上，以下の救済方法が認められている。消費者はこれらの申立てを複数行うことができ，相当性は消費者フォーラムが判断する。

- 物品の欠陥除去
- 物品の代替
- 物品代金の返還
- 損害賠償

---

15)　消費者保護法 28A 条。

- 危険物品の販売禁止
- 販売ルートからの危険物品の撤収
- 危険物品の製造禁止

　損害賠償に関しては，一般の民事訴訟と同様に，売主等の過失により生じた一切の損失及び損害に対する損害賠償が認められる。ただし，インド法上は，契約違反に基づく間接損害（indirect damages）に対しては賠償は認められないと考えられている。

　懲罰的賠償については，一般的には，裁判所の裁量でごく特殊な事案に限り認められるに過ぎないとされるが，消費者フォーラムは，事案により懲罰的賠償を認めることも可能とされており[16]，実際に懲罰的賠償を命じた例もある。

(8)　相　続

(ア)　相続ルールの概要

　インドにおける相続は，日本と同様に，有効な遺言がある場合は，遺言の内容に従うことが原則である。遺言者（被相続人）が死亡した場合，遺言は裁判所の検認手続（probate）を経る必要がある。遺言の有効性について相続人間で争いがない場合，検認手続は通常6か月から1年程度で終結する。検認手続を完了することで，遺言は受遺者の財産上の権利を証明する法律上の書面となる。

　遺言がない場合や，遺言の書面があっても法律上の要件を満たさない等の理由で無効となった場合，相続法に基づき相続人の範囲が決まる。インドでは，相続人の宗教により適用される相続法が異なる点が特徴的である。インドの人口の大半を占めるヒンドゥー教徒には，ヒンドゥー相続法（Hindu Succession Act, 1956）が適用されるが，これ以外では，イスラム教徒，キリスト教徒及びゾロアスター教徒のための相続法が制定されている。なお，仏教徒，ジャイナ教徒，シーク教徒については，特別な相続法は制定されておらず，ヒンドゥー

---

16)　消費者保護法 14 条(1)(d)。

相続法が適用される。

(イ)　ヒンドゥー相続法の特徴

　ヒンドゥー相続法に基づく相続順位は，親族を第1分類，第2分類，（第1分類，第2分類以外の）男系親族，女系親族に分類し，第1分類から優先権が付与される。第1分類の親族間では未亡人及び子（息子，娘）それぞれが1人当たり均等の相続分を有する。この点は，配偶者が子の人数にかかわらず2分の1の法定相続分を有する日本の民法と異なる。

　また，インドでは，主にヒンドゥー教徒において，一定の財産を親族の代表者たる者が親族のために保有する Hindu Undivided Family（以下「HUF」）と呼ばれる制度があるため，相続においても注意が必要である。プロモーター個人が保有していたと思っていた株式が，実は HUF の保有であったり，相続を見据えて HUF の保有に変更していたりということもあり得る。HUF の代表者（Karta）が死亡した場合，親族間の共有（合有ないし総有）状態に変更はなく，有効な遺言による別段の指定のない限り，代表者たる地位はその長男又は長女のうち年長の者によって承継される。

3 労 働 法

(1) 労働関係法令の概要

　インドの労働法制は非常に複雑であるが，その背景についてまずは概説する。

㋐ 連邦法と州法の二段構造

　労働組合，労働紛争，労働条件等に関する労働法の立法権限について，インド憲法においては，中央政府と州政府の共同管轄事項とされている（憲法 Schedule 7 第三表）。その結果として，連邦議会で成立した労働法であっても，州議会で異なる内容の立法を行うことができ，その州にある事業所は州法に従う必要がある。したがって，インドの労働法は，各州の法律，場合によっては州政府による通達を確認しなければ最終的には正確に確定することができない。これがインドの労働法の理解を非常に困難なものにしている。

　例えば，工場の労働条件や安全衛生について定める工場法は，連邦法として定められているが，州はこれに加えて独自の規定を定める権限を有している。また，オフィスなどの事業所における労働条件を規定する店舗施設法は州法として定められているため，労働時間や休暇等について州ごとに異なる規定となっている。

　外資を含む産業誘致のために，政策的に労働者保護を緩和して使用者寄りの立法を行う州もみられる。その代表例がラジャスタン州やグジャラート州である。一般に，連邦法（産業紛争法）上，100 名以上の事業所を閉鎖する場合，州の事前の許可を要するが，ラジャスタン州とハリヤナ州はこの基準を 300 名に引き上げ，企業による撤退に関して規制を緩和した。

㋑ 労働者保護の手厚い法制

　産業紛争法においては，ワークマン（workman）という従業員のカテゴリーが定められ，ワークマンに該当する従業員の解雇は厳格に規制される。これは労働者保護に資する反面，使用者としては柔軟な人事政策をとるに際して足か

せとなることが多い。法律上はワークマンに関しては，手作業，非熟練・熟練，技術的，運営管理的又は事務的作業，監督的作業のために雇用されている者といった抽象的な定義がされている。もっとも，実際には肩書き等にかかわらず職務実態によって決められるものとされており，解雇に際してワークマンの該当性について争いになることも少なくない。したがって，まずは自社のどの範囲の従業員がワークマンに該当するのか，事前に見極めておくことが必要である。

　労働者保護については，労使交渉の局面で労働組合も重要な役割を果たしている。一定の要件を満たした労働組合は労働組合法に基づき登録することができ，登録された労働組合は正当な労働争議について民事上及び刑事上の免責を受けられる等の保護が与えられている。特に工場を有する日系企業の間でも，労働組合活動に神経を使う企業は少なくなく，労働組合との間で良好な関係を築くことは非常に重要である。

(ウ)　重畳的な適用関係

　インドの労働法制においては，日本のような労働基準法や労働契約法といった基本法が存在しない。特定の項目について複数の法令が規定をしていることがあり，個別具体的にこうした法令を横断的にみる必要がある。日本では厚生労働省や労働局によるガイドラインや周知のためのパンフレットといったものが実務上の指針として活用されているが，他方，インドではこうした横断的理解の助けとなるような媒体が存在しないため，会社担当者にとって一層理解が困難なものとなっている。

　労働法分野における複雑な法令構造は，長く立法的な課題であると認識されており，モディ政権は，産業紛争法，労働組合法，産業雇用（就業規則）法を統合する Labour Code on Industrial Relations Bill, 2015 を公表するなどし，改革の緒についた。もっとも，かかる制度改革に対しては，労働者の権利が弱まるとの懸念から，労働者団体を中心に反対の声も根強く，残念ながら改革の目処は立っていない。労務マネジメントの観点からは，その改革の方向性について適宜情報収集を図ることが必要になろう。

(2) ワークマンの保護

(ア) 労働関連法の適用範囲──「ワークマン」

　労使紛争を規律する産業紛争法（Industrial Disputes Act, 1947）は，ワークマンを下記表に示すとおり定義して（2条(s)参照），いわゆるブルーワーカーである「ワークマン（workman）」のみを保護対象としている。

　ノン・ワークマンとはワークマンの定義に該当しない者であり，これらの者は使用者と対等な立場で雇用契約を締結することが前提とされている。よって店舗施設法等の強行法規に反しない限り，雇用契約によって労働条件が決まるのが原則である。他方，ワークマンに対しては最低賃金，労働条件，解雇等の点において法令上手厚い保護が与えられている。

	ワークマン	ノン・ワークマン
範 囲	①手作業，非熟練・熟練，技術的，運営管理的又は事務的作業のために雇用されている者	①主として経営職又は管理職として雇用されている者　又は ②監督的作業を行うために雇用されており，かつ賃金が月1万ルピーを超える者
解雇規制	産業紛争法の保護を受ける	店舗施設法等及び雇用契約の定めによる
紛争解決	調停官，労働裁判所等	原則として，雇用契約の定めによる

(イ) 就 業 規 則

　ワークマンについては，100人以上（マハラシュトラ州，カルナータカ州等一部の州では50人以上）のワークマンが雇用される産業施設（工場等）の場合，産業雇用就業規則法（Industrial Employment（Standing Orders）Act, 1946）に基づき策定が義務づけられる法定就業規則（Standing Orders）により，労働条件が定められる。同法は，最低でも所定の11項目を法定就業規則に規定することを義務づけており，また可能な限り，その他の事項についても使用者は同法が定めるモデル法定就業規則に沿って作成すべきとしている。使用者は，同法の適用がなされてから6か月以内に法定就業規則を作成し，当局の認証官の認証を得

る必要があるが，使用者が策定を怠った場合には，原則として，当該モデル法定就業規則の規定が適用されるものとみなされる（同法12条A）。もっとも，作成が任意とされる場合であっても，社内ルールの明確化や規律の浸透の目的で就業規則を作成・周知することはインドにおいても一般的である。

　なお，日系企業においては，本社が作成したグローバルのHRポリシーをインド現地法人においても採用，導入する例がよくみられるが，適用される連邦法のみならず州法との抵触を確認する必要がある。インド国内に複数の営業所や工場等の拠点を設ける場合には，就業規則の作成に際しても，各拠点に適用される州法を個別に確認する必要があることに留意すべきである。

　他方で，ノン・ワークマンについては，法定就業規則の作成は義務づけられていない。労働条件は個々の契約によって決まるが，かかる契約において，使用者が独自に定める就業規則（Employee Manual, Employee Handbook 等呼称は様々である）が引用されるなどして同規則が定める諸条件が取り込まれることが多い。法令により労働条件の最低基準が定められている場合は（労働時間上限や最低賃金など），これを下回る合意部分は無効となる。

㋑　労 働 協 約

　調停手続においてなされた労使合意としての労働協約は，当該協約に署名した組合の組合員以外の労働者にも効力が及ぶが，調停手続外でなされた協約はその当事者のみを拘束する（産業紛争法18条1）。

(3)　労働者の雇用

㋐　労働契約の締結

　インド法上，雇用に関する契約は口頭でも有効に成立し，書面の作成は任意であるのが原則である。したがって，法律上の義務として書面による雇用契約書を作成することは，一般的には義務ではない。ただし，一部の州の店舗及び商業施設法，例えばカルナータカ州店舗及び商業施設法（Karnataka Shops and Commercial Establishments Act, 1961）は，使用者に対し，採用から30日以内に，施設の名称，所在地，雇用開始日，雇用者の肩書き，職務の内容，給与等について記載した書面（Appointment Order）の交付を義務づけている（同法6A条）。

他にも，例えば，主に製薬会社の販売促進担当者として雇用された者に適用される販売促進労働者法（The Sales Promotion Employees（Conditions of Service）Act, 1976）は，使用者に対し，採用時に，所定の方式に従った採用通知書（Letter of Appointment）の交付を義務づけている（同法5条）。

　実務上は，インドは，アジア諸国の中では比較的契約文化が根付いており，雇用条件については Letter of Appointment, Employment Agreement 等の書面において明記されるのが一般的である。また，インドは訴訟社会であり，処遇や処分等に不満を持った労働者が使用者を提訴することは少なくない。インドでは一般に，裁判所の判断が出るまでには相当な時間を要し，また，裁判所は労働者保護（pro-labour）の判断を下す傾向にあるとされる。使用者にとって負担となる労使紛争の発生を未然に予防するためにも，主要な雇用条件については，労働者との間で書面をもって明確化を図っておくことが望ましい。なお，労働契約が裁判上の証拠として認められるには，各州の印紙税法に従った所定の印紙の貼付が必要である。

㈎　児童労働の禁止

　児童労働（禁止・規制）法（Child Labour（Prohibition and Regulation）Act, 1986）は，14歳未満の者を児童と定義して，一定の類型の施設及び業種への就労を禁止している。さらに労務提供場所により個別の規制がある。工場法は，14歳未満の児童の工場での就労を禁止し，14歳以上18歳以下は年少者として，工場での就労については認定医による就労適合の証明を必要とし，かつ，1日の就労時間及び上限に制限を設けている。その他，例えばデリーの店舗及び商業施設法は，12歳未満の者の店舗及び商業施設における就労を禁止している。

　2017年6月に施行された修正規則により，雇用者は，14歳未満の児童を特定の危険業務に労働者として従事させることが禁止されるとともに，それ以外の業務も，家業又は学校の修学時間以降の場合でない限り，やはり禁止されている。加えて，14歳から18歳の未成年者を新たに「青年（adolescent）」と分類し，やはり上記危険業務に労働者として従事させることが禁止される。さらに，本規則に基づく法執行を強化する観点から，違反の場合の罰則が強化されるとともに，児童労働が認められる例外に該当する場合の手続的要件を課して

いる。

㈦　採用時に留意すべきその他の留意点

　州又は地域によっては，例えば工業用地開発のために立ち退いた住民を一定
数又は優先的に雇用しなければならない旨の特別法令を定めている場合がある。
　また，より実務的な留意点として，労働組合活動における従業員の必要以上
の団結を防ぐため，あえて別の言語を話す従業員を各州から集めたり，同じ州
又は地域からの採用であっても村をまたいで集める実例がある。ただし他方で，
憲法上，また各種特別法令上，カースト，宗教，性別，出身地等に基づく採用
時の差別は禁止されており，時に大きな訴訟問題ともなるため，採用方針の策
定に際しては留意が必要である。

㈢　内定，試用期間

　試用期間（probation period）に関し，法令上の許容期間は定められていない。
　ただし，法律上一定期間雇用された労働者の解雇には，正当な事由が必要と
されていることと平仄を合わせ，その期間を超える試用期間を定めることは避
けることが得策である。例えば，産業紛争法では，1 年以上継続して雇用され
るワークマンの普通解雇には，1 か月以上前に理由を示した通知が必要とされ
る。また，デリー店舗及び商業施設法では 3 か月以上継続して雇用された労
働者の解雇には 1 か月前の通知が（30 条 1），カルナータカ州店舗及び商業施
設法では，6 か月以上継続して雇用された労働者の解雇には，合理的な理由と
1 か月前の通知が必要とされる（29 条）。以上からも，実務上は試用期間は 3
〜6 か月程度とされることが多い。

㈣　機 密 保 持

　インドにおいては，競業他社への転職禁止等，労働者に対して退職後の競業
避止義務を課すことはできないと一般的に考えられている。その根拠とされる
のが，インド契約法（Indian Contract Act, 1872）27 条である。同条は「いかな
る契約も，ある者が適法な職業，取引又は事業を行うことを禁止する場合は，
その限りにおいて無効である」と定めており，退職後の競業避止義務に関して

は同条に抵触するとして，判例上無効と判断されることが多い。もっとも，労働者に対する規範的又は心理的効果を期待して，無効になるリスクは認識しつつも，あえて契約書等に記載を残す例は見受けられる。

　他方，従業員に対する秘密保持義務については，退職後においても原則として有効と解される。したがって，企業としては，競業他社等に転職されるリスクがあることも踏まえ，労働者との間で守秘義務契約を締結するなりして，守秘義務条項を含む雇用契約を締結しておくことが望ましい。なお，契約書においては，後に紛争になるリスクがあることを踏まえ，機密情報の範囲，機密情報の取扱い（退職時の返却義務）等についても，予め具体的に合意しておくことが必要となる。

㋕　非正規労働者

　パートタイマーは法令上特別な扱いはされておらず，通常の労働者と同様に取り扱われる。

　産業紛争法上厳格な解雇制限を受けるワークマンの継続雇用を避けるために，有期雇用を繰り返すこと及び別の有期雇用者で代替することは，判例上原則として禁止されている。

　派遣労働については，請負労働（規制・廃止）法（Contract Labour（Regulation and Abolition）Act, 1970）の範疇において同法の適用を受ける。同法は，20人以上のワークマンが現在雇用されているか，又は，過去12か月間のいずれかの日において雇用されていた施設（派遣先・委託者・発注者等）に対し適用され，当該施設（派遣先・委託者・発注者等）は，当局に請負労働（規制・廃止）法の適用がある施設の登録を申請する必要があるほか，請負事業者による労働者に対する賃金支払うに立ち会う義務や，請負事業者による賃金不払の場合には自ら賃金を支払う義務がある。また，20人以上のワークマンを現在雇用しているか，過去12か月間のいずれかの日において雇用していた事業者（派遣元・受託者・受注者等）は，事業請負開始前に所管当局からライセンスを取得する必要がある。なお，同法はその名称のとおり請負形態についても規制しており，インドにおいては，派遣労働のみならず請負契約形態の場合にも，一定の範囲で規制がかかる点に留意が必要である。また，判例上，請負契約は偽装で，請負

労働者と委託者・発注者との間に直接の労使関係が存在すると認められた事例があり，これを受けて，請負労働者から，委託者・発注者の従業員と同様の賃金等を得る権利がある等と主張される事例が多い。その判断においては，指揮命令関係，事業の主要部分に対する労務提供であったか否か，請負労働関係の延長の有無等が考慮要素となるが，上記のライセンス取得又は施設登録義務が履行されていない場合に直接の労使関係を認めた事例も存在する点に留意が必要である。

　人材紹介業を直接規制する法律は見当たらないようである。

(4)　各種労働条件

㋐　労働時間，休憩，有給休暇等

　前記(1)㋐のとおり，就労場所及び州により異なる法令が適用される。労働時間等の諸条件を定める工場法，デリー店舗及び商業施設法，タミル・ナドゥ店舗及び商業施設法の規定は以下のとおり。

　なお，工場法はワークマンに適用されるが，店舗及び商業施設法は，ワークマンもノン・ワークマンも問わず適用される。

	工場法（連邦法）	デリー店舗及び商業施設法	タミル・ナドゥ店舗及び商業施設法
基本労働時間	1週間に48時間，1日に9時間まで（51条・54条。ただし18歳以上の場合）	所定の繁忙期を除き，原則として，1週間に48時間，1日に9時間まで（8条。ただし18歳以上の場合）	原則として1日8時間，1週間に48時間（9条。ただし17歳以上の場合）
休憩	5時間の労働の後，少くとも30分（55条）	5時間の労働の後，少くとも30分（10条）	4時間の労働の後，少くとも1時間（9条・14条）
時間外労働	1日に9時間，又は1週間に48時間以上労働した場合，当該時間外労働部分について通常賃金の2倍の賃金（29条1項）	1日に9時間，又は1週間に48時間以上労働した場合，当該時間外労働部分について通常賃金の2倍の賃金（8条）	1日に8時間，又は1週間48時間以上労働した場合，当該時間外労働部分について通常賃金の2倍の賃金（31条）
年次有給休	前暦年240日以上労働	4か月間の連続勤務の後	12か月の連続勤務の後

暇と買取義務	した者は，翌暦年において労働日数20日ごとに1日（79条） 消化未了で解雇又は退職した場合には，使用者は同法所定の計算方式に従い買取義務あり（79(11)条）	に5日以上，12か月間の連続勤務の後に15日以上（22条） 消化未了で解雇又は退職した場合には，使用者は日数相当分の賃金支払による買取義務あり（22(2)条）	に12日間（25条） 消化未了で解雇又は退職した場合には，使用者は日数相当分の賃金支払による買取義務あり（25(3)条）
賃金支払原則	規定なし（賃金支払法に従う）	支払単位は毎月又はそれより短い期間とする必要があり，かかる期間終了後7日以内に原則現金での支払が必要（19条）	支払単位は毎月又はそれより短い期間とする必要があり（30条），かかる期間終了後5日以内に原則現金での支払が必要（32条）

　なお，インド政府は近時，全国的に統一的な労働法制改革を目指しており，その一環として，2016年にモデル店舗施設法を公表していた。もっとも，労働者保護が後退するとして一部反対が根強かったため，州ごとの判断に委ねる方向で舵切りがされている。

　それを踏まえ，マハラシュトラ州が他の州に先駆けて従前の1948年マハラシュトラ店舗施設法を改正する2017年マハラシュトラ店舗施設法（Maharashtra Shops and Establishments（Regulation of Employment and Conditions of Service）Act, 2017）を制定し，2017年12月19日から施行されている。なお，マハラシュトラ州政府は，2018年マハラシュトラ店舗施設施行規則（Maharashtra Shops and Establishments（Regulation of Employment and Conditions of Service）Rules, 2018）を制定し，2018年3月23日から施行されている。

(イ) 賃 金 等

　賃金支払法（Payment of Wages Act, 1936）が，工場等に従事する労働者に関し，1か月の賃金が6,500ルピーを超えない部分について適用される（1条4項・6項）。支払の単位は1か月を超えない期間とされ（4条），労働者が1,000人未満の施設では7日以内，その他は10日以内に賃金支払が必要である（5条）。支払は現金払が原則であるが，事前の書面による同意を得た場合には小切手又

は銀行振込の方法も可能である（6 条）。賃金からの控除は，社宅費用など法定された項目についてのみ，原則賃金の 50% を上限として認められる（7 条）。

　最低賃金法（Minimum Wages Act, 1948）は，特定の施設における最低賃金を規定するが，同法は各州に独自の規制を設定する権限を授権しており，これに基づき，各州が各産業又は施設ごとにその詳細を規定している。なお，2017 年 8 月，賃金支払に関する同法の規制の適用を受け保護される労働者の範囲が，月額平均 18,000 ルピーまでの賃金を受け取る従業員から月額平均 24,000 ルピーまでの賃金を受け取る従業員に引き上げられ，同法の適用範囲が拡大されている。

　賞与支払法（Payment of Bonus Act, 1965）は，工場法における工場及びその会計年度において 20 人以上の労働者が雇用された施設において，1 万ルピーを超えない月額賃金を得る労働者に対して適用される。当該会計年度において利益を得たかにかかわらず，所定の最低賞与金額の支払を義務づけている（10 条）。

　退職金支払法（Payment of Gratuity Act, 1970）は，工場，鉱山等，又は 10 名以上の労働者がいる店舗又は商業施設に適用され，5 年以上継続雇用された労働者に対して，原則として，1 年ごとに 15 日分の賃金（1 年に満たない期間については 6 か月を超えて労務提供をしている場合に 1 年として扱われる）に相当する退職金支払を義務づけている（4 条）。

㈡　業績連動報酬

　業績連動報酬の可否については，まず，給与水準で規制が異なる。月給が 21,000 ルピーを超える労働者に対しては，上記の賞与支払法の適用はなく，ボーナスの有無，またどのように設定するかは自由である。もっとも，実務上は殆どの会社がボーナスを設定しており，職級に応じた一定割合の賞与を設定している企業もあれば，業績連動型にしている企業もある。

　他方で，月給が 21,000 ルピー以下の労働者については，賞与支払法が，少なくとも最低賃金又は 7,000 ルピーのいずれか高い額の 8.33% を Bonus Salary として毎月支給することを定めており，この下限を下回る金額の合意や，業績連動計算に基づく賞与支給をすることはできない。

⑴　社会保障等

従業員積立基金法（Employees' Provident Funds and Miscellaneous Provisions Act, 1952）が，定年退職や疾病等による労働不能の場合の基金給付制度である従業員積立基金制度（Employees' Provident Funds Scheme），老齢年金，障害年金，寡婦年金等を定める年金制度（Employees' Pension Scheme），生命保険に類する預託保険制度（Employees' Deposit-Linked Insurance Scheme, 1976）について規定する。また，労働者・州保険法（Employees & State Insurance Act, 1948）が，労働者の疾病等の場合における保険給付について規定する。

2016年10月1日，日印社会保障協定が発効し，日本とインドでの社会保険料の二重負担が解消される等，インド現地の日系企業と日本人駐在員のインド側での社会保障料の負担が大幅に軽減された。58歳未満の日本人駐在員は，日本への帰任時にインド従業員積立基金（Employee's Provident Fund）の払戻しを受けられるようになっている。

⑵　ノン・ワークマンの労働条件

上記のとおり，ワークマンについては，労働関連法制により，賃金，労働時間等の雇用条件，解雇要件に関し手厚い保護を受けており，法律が定める最低基準を満たさない労使間の合意は無効となる。

他方，ノン・ワークマンとの間では，基本的に適用される州の店舗施設法（Shops and Establishments Act）の強行規定に反しない限り，労使間で雇用条件を自由に合意可能である。例えば，一部の州では，特段解雇理由のない使用者都合による一方的な解雇も，ノン・ワークマンの場合には，労使間合意があれば有効と考えられている。ノン・ワークマンとの雇用契約においては，将来生じ得る諸般の事態を想定して十分な交渉を行い，その内容を的確に契約に盛り込んでおくことが労務管理上のポイントとなる。

⑶　労働条件の変更

使用者は，一方的に労働契約の内容を変更できないのが原則である。もっとも，雇用契約時に，一定の事項について使用者の裁量で勤務地，労働時間等の勤務条件や就業規則を変更できる旨合意されることも多い。ただし，このよう

な場合であっても，ワークマンについては，使用者は，変更により影響を受けるワークマン，又は登録労働組合がある場合は当該組合に対する所定の通知（州により異なるが，21日又は42日前までの所定の書式に従った通知）を行わない限り，労働者に適用される雇用条件の変更を行うことはできない（産業紛争法9A条）。変更に不服のある労働者は，管轄の連邦産業紛争審判廷に申立てを行うことができる。

　実務上は，そのような紛争を避けるため，変更を行う際には事前にワークマン又はその労働組合との間で協議がもたれることが多い。

(5)　労働契約の終了

㋐　普通解雇

①　実体的規制

　ワークマンに関しては，雇用契約を直ちに解除できる旨の約定（at-will employment）は，認められていない。一方，ノン・ワークマンに関しては，契約に定めることにより，理由のない即時解雇が可能である。

　インド国籍を持つワークマンについては，事業場におけるある分類の中のワークマンを解雇する必要がある場合，使用者は，他の従業員を優先的に解雇する合理的理由のない限り，当該分類において最後に雇用されたワークマンから先に解雇しなければならない。また，上記のとおり，ワークマンの普通解雇を行った使用者がワークマンの新規雇用を行う場合，解雇されたワークマンに申込みの機会を与える必要があり，当該ワークマンが再雇用の申込みをした場合，他の者よりも優先して雇用しなければならない。

　産休取得中の女性従業員を解雇することはできない。また，労働者・州保険法の定める疾病手当を受領している従業員は，正当な理由なく解雇されない。

②　手続的規制

　産業紛争法上の解雇（Retrenchment）に当たる場合，1年（就労日数240日）以上の継続する雇用期間にあったワークマン（なお，病欠等で休んでいても，当該期間は雇用期間に算入される）は，1か月前の解雇理由を記載した書面通知（当該期間に係る報酬の支払でこれに代えることができる）と，雇用期間1年ごと（1年未満の期間がある場合は6か月を超える期間について1年として扱う）に平均賃金の

15日分に相当する補償金の支払を受ける権利を有する。これに加え，使用者は，法定の書式に従い，労働当局に解雇の事実を通知する必要がある。従業員の雇用期間が1年未満の場合，使用者は上記義務は負わない。

直近12か月の営業日ベースの平均で100名以上のワークマンを有する工場法が適用される工場，鉱山，プランテーションで働く労働者には，別の規制が適用される。使用者は，①3か月前の解雇理由を記載した書面通知（当該期間に係る報酬の支払でこれに代えることができる），②解雇前の当局からの事前承認の取得（当該申請から60日以内に当局から応答がない場合承認されたと自動的にみなされる），③②の承認が得られた場合，雇用期間1年ごと（1年未満の期間がある場合は6か月を超える期間について1年として扱う）に平均賃金の15日分に相当する補償金の支払が必要になる。これに加え，使用者は，上記と同様に，継続して5年以上勤務した従業員に対しては，1年ごとに15日分の賃金に相当する退職金を支払わなければならない。

以上のほか，解雇が行われる場合，賃金支払法に従い，解雇日の2営業日前までに給与を支払う必要がある。

ただし，解雇時に使用者から支払われるべき金銭及びその手続については，州法により差異があり得る。

③　解雇後の新規採用に関する規制

ワークマンが普通解雇（retrenchment）された場合において，雇用者が新規採用を行う場合，当該普通解雇されたワークマンに対して，所定の方式に基づく郵便通知により再雇用する機会を与えなければならず，かつ，当該ワークマンは他の者に優先して雇用される（産業紛争法25H条）。かかる使用者の義務の継続期間については定めがない。

(イ)　整理解雇

① 　実体的規制

産業紛争法上，集団的な整理解雇は，レイオフ（Lay-off）として位置づけられている。同法上，レイオフとは，石炭や電力の不足，原料在庫の蓄積，機械の故障，自然災害その他の理由による，雇用の失敗，拒否又は不能と定義される。

　レイオフの規定は，①前暦年の営業日平均で50名未満のワークマンしかいない事業所の場合，又は，②季節性のある断続的な業務の場合には適用されない。さらに，③従業員がレイオフされた事業所と同じ事業所，又は，同じ使用者に属する同じ街・村内若しくは元の事業所から直径5キロ以内に位置する他の事業所における代替的な雇用の申し出を拒否した場合，④通常の業務時間内の指定された時間に当該従業員が出勤しなかった場合，⑤レイオフがストライキ又は他の事業所のワークマンの一部の生産の遅滞に起因する場合，ワークマンは下記②のレイオフに伴う権利を有さない。

　雇用契約上，より有利な条件を定められた労働者は，レイオフの対象とはならない。また，産業紛争法上，所定の紛争解決機関における手続が係属している場合，当該手続に係る機関からの書面による明示的な許可がない限り，労働者はレイオフの対象とならない。

　ノン・ワークマンに関しては，特別の規制はない。

② 　手続的規制

　レイオフの場合，事業場において従業員名簿（master roll）に登録されたワークマンで，且つ1年以上の継続する雇用期間にあった者は，週末を除いた当該レイオフの期間，当該従業員がレイオフされていなければ受け取っていた基本給与及び諸手当の50%に相当する補償金を受け取る権利を有する。

　ただし，12か月のうち45日以上レイオフが行われた場合，46日目以降はそのような補償金を受け取る権利を失う旨の合意を労使間で結ぶことが可能である。さらに，当該45日経過後，産業紛争法に基づき当該従業員を普通解雇することも可能であり，その場合，過去12か月間にレイオフ中の従業員に払った補償金は，通常解雇の際に払われる補償金と相殺される。

　上記保護を受けるワークマンからは，バッディリ（badli）ワークマン及び短期雇用のワークマンは除かれる。バッディリワークマンとは，従業員名簿に載っている別の従業員の代わりに一時的に働く者のことである。バッディリワークマンは事業場において1年以上の継続する雇用期間にあった場合，通常のワークマンとしての保護を受けることになる。

　100名以上のワークマンがいる場合，最低3か月前に従業員に対して解雇通知を送付し，且つ原則として政府の事前承認を得なければならない。ただし，

レイオフが電力不足や自然災害に基づく場合や，鉱山の場合に火事，洪水，過度な可燃性ガスの発生，又は爆発があった場合は，この政府の承認は必要ない。

㈦　合意退職の場合

従業員の任意による退職は，産業紛争法の規定する解雇の対象外とされている。

実務上，（法定の）普通解雇が行われると，インドでは基本的に従業員にとって否定的に評価され，当該従業員の次回の雇用の際にも悪影響を及ぼす。そこで，実務上，使用者が，労働者に任意退職を提案することが多く行われている。その際，労働者との間で，使用者の労働法関係の責任を全て免除し，また，労働者が雇用終了後の義務を遵守する旨の退職合意書（separation and release agreement）を締結することが一般的である。

民間企業に定年制度に関する規制はなく，一般的には，50歳から60歳の間で定年が定められている。

㈣　事業場の閉鎖・法人の解散・オーナー変更等の場合

使用者が事業場の閉鎖を意図する場合，産業紛争法に従い，少なくとも閉鎖の60日以上前に，当該閉鎖の理由を明確に記載した所定の通知を労働当局に送付する義務がある。ただし，当該義務は，建物，橋，道路，水路，ダムその他の建設工事のために設立された事業場，ワークマンが50名未満しか現にいない事業場，直近12か月の営業日平均でワークマンが50名未満しかいない事業場には適用されない。

上記閉鎖に伴い，使用者は，普通解雇の場合と同額の補償金を支払う必要がある。

直近12か月の営業日平均で100名以上のワークマンがいる事業場の場合，事業場の閉鎖には，当局による事前承認が必要となる。当該承認の申請は，少なくとも閉鎖の90日前までに行われる必要がある。もっとも，承認権限を持つ州政府としては，上記閉鎖が地域住民の雇用機会の減少をもたらすため，承認を出さない傾向があるといわれている。そこで実務上は，労働者代表と協議し，相当な退職金等を検討のうえ，スムーズに自主退職を促進するためのパッ

ケージを提示し，事前に自主退職制度（voluntary resignation scheme）を実施し，直近 12 か月の「労働者」の数を 100 名未満とすることも行われている。例えば，某日系電機メーカーが 2004 年にハリヤナ州所在の工場を閉鎖した際には，500 名弱いたワークマンに対し，自主退職を促すため，勤続 1 年当たり 4 か月分の給与相当の退職金及び 10 万ルピー（約 16 万円）の支給，並びに退職後 2 年間の医療保険を付与したパッケージを提案したと報道されている。

　事業譲渡に伴い使用者の変更がある場合，原則として，ワークマンには普通解雇と同様の保護が与えられる。ただし，①ワークマンの勤務への介入がなく，②雇用条件において事業譲渡の前より不利にならず，③事業譲渡後の解雇があった際従業員の勤務期間を事業譲渡前と通算して補償金を計算する場合には，当該保護は与えられない。また，ノン・ワークマンにもこのような保護はない。

㈢　元従業員の秘密保持義務等

　インドには日本の不正競争防止法に相当する法令はなく，営業秘密についての法令上の定義はない。しかし，裁判例において，法的に保護すべき営業秘密は，①当該情報が非公知であること，②当該情報が保有者の経済的利益をもたらすものであること，及び③当該情報の秘密性の保持のために合理的な努力がとられていること，といった基準で概ね判断される傾向にある。したがって，契約上の守秘義務を課すというだけでなく，特に上記③の観点からも，使用者は労働者との間で雇用時に守秘義務契約を締結し，機密情報の範囲，機密情報の取扱い等について合意しておくことが重要である。

⑹　労働組合

㈠　組成の要件

　インド法上，労働組合を組成するにあたり特別な要件はなく，いかなる労働者も労働組合を組成することができる。ただし，労働組合法（Trade Union Act, 1926）上の登録を受けるためには一定の要件を満たすことが必要である。登録は義務ではないが，登録された労働組合のみが，労働争議に関して民事及び刑事上の免責を受けることができる。

　登録の要件は，ワークマンの場合①その労働組合に関係する施設に従事する

者のうち 10% 又は 100 人のうちいずれか少ない方の人数が組合員であって，かつ，②その施設に従事する者のうち少なくとも 7 人が組合員であることとされている。1 つの施設について複数の労働組合が登録を行うことも認められており，実務上も，例えば 1 つの工場に複数の登録労働組合が存在することはよくある。

　登録労働組合の組合員は，労働争議のために行われた行為について，労働契約違反の誘発や事業の妨害等の不法行為を理由とした民事責任に問われない。また，労働組合の目的のために組合員間で行った合意については，共謀罪に問われることもない。

⑴　労働組合との団体交渉

　インドにおける団体交渉のプロセスは地域性があるものの，一般的には以下のように整理される。

- 交渉開始（Charter of Demands）：労働組合が使用者との交渉を求める事項（賃金，ボーナス，労働時間，福利厚生等）について要求事項を書面で提示。
- 団体交渉（Negotiation）：Charter of Demands の提示を踏まえた労使間交渉。
- 労使協定の締結（Collective Bargaining Agreement）：交渉で合意に至った事項に関する労使協定の締結。合意に至らない場合には，労働組合がストライキ等の手段に出ることもある。
- 調停手続（Conciliation）：ストライキ等の通知を受けると調停官（Conciliation Officer）が選任される。調停官は事案を調査して調停を実施し，労使に対する和解案（settlement）の提示又は労働裁判所（Labour Court）若しくは産業紛争審判廷（Industrial Disputes Tribunal）への事件回付を行う。
- 裁判・仲裁（Dispute Resolution）：調停が不調に終わった場合，当該紛争は，労使間の同意を不要する仲裁（Compulsory Arbitration），労働裁判所又は産業紛争審判廷に付される。

　なお，労働者によるストライキや使用者によるロックアウトは，労働組合法ではなく，産業紛争法に定められている。同法上，ストライキは法令の定める

要件に従って行う限り適法とされる。一定時期（所定の紛争解決機関における手続が係属している場合）のストライキやロックアウトは，禁止されている。一般には，労働組合が存在する場合，整理解雇に要する期間は長期化するといわれている。

(ウ)　中央労働組織との関係

インドにおける大半の労働組合は，インド国内の労働組織を統轄する中央労働組合組織（Central Trade Union Organisations）に属しており，これらの中央労働組合組織はそれぞれ異なる政党組織と関連しているといわれている。

筆者らの経験では，例えば，共産党系の組合だからといって必ずしも過激な活動をしているとは限らず，政治的組織と関係があることそれ自体が，労使間で事業活動に支障の生じる労使紛争が頻発する労働組合であることを意味するわけではない。その実体を把握するには，上位組織との関係の程度，指導者の有無とその素性，過去の労使紛争の有無，頻度等を個別具体的に精査することが必要である。

(エ)　トラブルの例

労働組合活動は一般に活発であり，外部から活動家が入るなどして労使関係が政治色を帯びる場合もある。時に労使関係が大きな社会的事件となることもあり（日系企業が巻き込まれた労働争議もある），日系企業においても問題となっている。特にワークマンに当たる工場労働者を多数抱える企業は，十分な労務対応が必要となる。

(7)　職場環境整備

(ア)　一般的な規制

各種法令が，主に就業地ごとに労働者の安全に関する規律を制定する。工場法は，工場内における労働者（ワークマン）に関し，使用者に対し，工場及びその設備の定期的な保守点検，研修・教育を通じた労働者の健康及び安全の確保義務を課している（7条）。労働者の健康確保のため，工場内の清掃，廃棄物処理，換気，温度設定，排煙，照明，飲用水等に関し具体的な定めをおくほか，

安全確保のため，機械への囲い，危険機械の操作，床階段等通路，防護器具の使用，危険物の使用につき定めが置かれている。労働者の健康・安全確保に関する規定については，工場法の改正案においてさらなる強化が議論されている。その他，各州の店舗及び商業施設法が危険物等を扱う店舗及び商業施設などにおける労働者の安全確保に関して規定を置いている場合がある。

(イ)　セクハラ防止

セクシャル・ハラスメントに関しては，近年社会問題として取り上げられることが多く，2013 年には女性に対するセクハラ防止法（Sexual Harassment of Women at Workplace（Prevention, Prohibition and Redressal）Act, 2013）が施行されている。同法は，「セクシャル・ハラスメント」を，直接間接を問わず，女性に対する身体的接触，性的な交際の要求，性的な発言，わいせつな図画の提示，性的な性質を有し相手を不快にさせる言動を広く含むと定義し（2条(n)），職場におけるこれらの行為を禁止する。同法は，10 名以上の労働者を雇用する使用者に対して，委員の半数以上が女性で構成される苦情受付，調査，解決機関としての内部委員会（Internal Complaints Committee）の設置を義務づけている（4条1項）。

この苦情処理委員会の委員には一定の資格要件が定められている。委員の少なくとも半数以上は女性であることが必要であり，委員長も原則としてシニア・レベルの女性従業員から選出する必要がある。また，2 人以上の委員は従業員の中から選出することが必要であり，女性問題に関わっている者，又は，社会的活動（social work）の経験若しくは法律上の知識を有する者であることが望ましいとされている。さらに，1 人以上の委員は女性問題に従事するNGO 等ないしセクシャル・ハラスメント問題に詳しい者から選任する必要がある。

同法による保護の対象は全ての女性である。雇用形態を問わないため，正社員に限らず，インターンや臨時の使用人も含まれている。他方，男性に対するセクシャル・ハラスメントは保護されない。

セクシャル・ハラスメントの場所は特定のオフィス内に限られない。職務上の移動手段としての車中，営業の訪問先も含まれるため，雇用主としては直接

目の届かない範囲におけるセクシャル・ハラスメント行為についても，管理責任を問われることになる。

　セクシャル・ハラスメントに該当する行為としては，物理的な接触，性的行為の要求等の迷惑行為が掲げられている。もっとも，これらは例示列挙と解されており，その他一切の性的な性質を持つ迷惑行為が規制対象とされている。

　苦情処理委員会の設置を怠った場合や，被害者からの苦情があった場合に適切な調査及び処分を行わない場合等には，5万ルピー以下の罰金が科せられる。

㈬　パワハラ防止

　インドでは日本のようなパワー・ハラスメントの概念は，社会的ないし法的に定着していない。もっとも，性差別，人種差別，宗教・信仰を理由とする差別や，職場における業務上の適正な範囲を超える身体的・心理的ハラスメント行為については，労働法及び不法行為法上，違法行為になり得る。

　また，組織運営の観点からは，組織内において業務上の適正な範囲を超えるハラスメント行為があった場合，ハラスメント行為の被害者本人ないし他の従業員において，会社がこれを放置したとの印象を与えることは好ましからぬ影響を及ぼす。インドに限らず海外で活動する日系企業としては，現地人従業員のみならず地元住民を含めた現地人の目を意識した組織運営が必要とされる。日本人である上司が現地人である部下に対してハラスメント行為を行った疑いがある場合，会社としては，これに適切に対処しない限り，人種の属性に由来する不公平感や不満感に容易に結びつきかねないため，特に注意が必要である。

㈭　出産給付

　2017年4月に施行された，出産給付（修正）法（Maternity Benefit (Amendment) Act, 2017）により，出産をする女性従業員にとって，より厚い権利保護が規定されている。

　具体的には，子供が2人までの場合の有給の産休・育休期間が，12週から26週に増加された。そのうち8週間までを産前期間に充てることができる。一方，3人目以降の場合，産休・育休期間は，12週までである（そのうち最大6週までが産前期間に充てられる）。上記は実子の場合であるが，養子の場合でも，

12 週間の育休が認められる。

　従業員が 50 名以上いる組織の場合，雇用者は，保育所を設置しなければならない。女性従業員は，保育所に一日最大 4 回行くことが認められる。

(オ)　障害者の権利

　2017 年 6 月に施行された障害者権利規則（The Rights of Person with Disability Rules, 2017）により，障害者を様々な差別から守るとともに，社会に効果的に参加する手段を増やすための措置が規定されている。

　以前は政府系機関にのみ適用されていたが，民間企業にも一部その適用範囲が拡大された。例えば，従業員が 20 名を超える会社の場合，障害者に対する平等な雇用機会を提供するためのポリシーを作成し，その内容として，障害者にふさわしいポストの一覧，当該ポストのための人材採用の方法，採用後のトレーニング等を定める必要がある。

(8)　外国人労働者

(ア)　外国人の雇用

　外国人がインドで就労するためには，就労ビザ（Employment Visa）を取得し，地域外国人登録局（FRRO：Foreigner Regional Registration Office）において外国人登録を行うことが必要である。就労ビザ（Employment Visa）の申請は，第三国のインド大使館・領事館でも可能だが，日本または当該第三国に少なくとも 2 年居住していることを証明する必要がある。就労ビザ取得のためには，インド人では達成し得ない職務遂行であること，原則として給与が年間 2 万 5 千米ドルを超える職務であること等が必要である。

　外国人労働者を採用した際に，一定の割合のインド人労働者を採用しなければならないという規制は原則としてない。

(イ)　就労ビザの取得

　日系企業が進出を行う場合，いかなる形態で進出するにしても，現地で指揮をとるための日本からの駐在員を派遣することが一般的である。

① 要　件

　就労ビザは，次の条件を満たすことを前提に，就労目的でインドへの入国を
希望する外国人に発給される。

- 申請者が高度の技能を有し且つ／又は適格の専門家であり，インド国内の会社／
  組織／産業経営者／事業体により契約又は使用関係に基づき雇用されているか
  又は任命された者である。
- 就労ビザは，適任のインド人がいる仕事については発給されない。就労ビザは
  また，定型的，一般的又は秘書業務／事務の仕事については発給されない。
- 申請者がインドで登録された会社等における就労又はインド国内のプロジェク
  トの実施に従事する外国の会社等における就労を目的としてインドへの入国を
  希望している。
- いずれのセクターであるかを問わず，就労ビザについて保証を受ける外国人は，
  その年間給与が 25,000 米ドル超でなければならない。ただし，この年収制限
  に関する条件は，民族料理の料理人，（英語講師を除く）言語講師／翻訳者，
  及び関係する駐インド大使館／高等弁務官事務所で働くスタッフには適用され
  ない 17)。
- 申請者は，納税等全ての法律上の義務を履行しなければならない。
- 就労ビザは，申請者の出生国又は居住国（当該国での継続居住期間が 2 年を
  超えていることを条件とする）のインド公館／官職により発給される。
- 企図される就労に関連する文書／書類（例えば，会社の会社法が定める登録証，
  企業の関係州産業局若しくは輸出促進協議会又は一般に認められた産業通商分
  野の奨励機関における登録証書）を入念に確認し，申請者に発給し得るビザの
  種類を判断する。申請者を保証する使用者／組織の名称が査証のシールに明示
  される。

② 必 要 書 類

　就労ビザの申請時には，以下の文書を含む必要書類の提出が必要となる。

---

17)　前記の 3 類型を除き 25,000 米ドルの最低年収基準が充足されない場合，インドの関係在外公
　　館／官職により，就労ビザの申請が棄却される可能性がある。

- 履歴書（Curriculum Vitae（Resume），職歴の詳細を記載したもの）
- 日本の会社からの推薦書（申請者が無職であった場合は自己推薦書）
- インドで申請者を雇用する会社のアポイントメントレター（Appointment letter）
- インドの雇用会社の詳細を示す書面（Profile of employment company in India）
- 雇用契約書の原本及び複製（原本はビザ承認後返却）
- インド内では得ることの出来ない技能を有することの証明書の原本（インドで発行される書類）
- 雇用会社がインドで登録済みであることを示す書類
- （必要に応じ）Covernment of India Foreign Collaboration のレターや，申請者の住居が確保されていることを示す書類（賃貸借契約書等）

③　その他

前記①に記載した条件を充足することを前提として，次のカテゴリーに該当する外国人もまた就労ビザの受給資格を有する。

- インドの会社が固定報酬（月給の形式ではない）を支払う，契約に基づくコンサルタントとしてインドに入国する外国人
- ホテル，クラブその他組織との就労契約において契約期間中に定期的にパフォーマンスを行うことを約束した外国人アーティスト
- 国／州レベルのチーム又は著名なスポーツ・クラブのコーチ等として就労するためにインドに入国する外国人
- インドのクラブ／組織と有期契約を結んだ外国人のスポーツ選手
- 独立したコンサルタントの立場でエンジニアリング，医療，会計，法律又はその他の高度の技能を要するサービスを提供する（外国人による当該サービスの提供がインド法上許容されることを条件とする）ためにインドに入国する自営業の外国人
- 外国人の言語講師／通訳
- 外国人の専門家料理人
- 設備／装置／工作機械の供給契約により設備／装置／工作機械の設置及び試運転のためにインドに入国する外国人のエンジニア／技師

- インドの会社が外国会社に手数料／ロイヤルティを支払う技術サポート／サービスの提供又はノウハウ／サービスの移転について委任された外国人

(9)　労使紛争

　産業紛争法が労使紛争について詳細を記載している。労働紛争が発生した場合は通常は団体交渉による労使協定の締結が試みられ，労使交渉がまとまらない場合，①労働裁判所への手続申立て，②調停委員会の調停，③調査委員会の調査申立てをすることができる。

　一般的傾向としてインドの裁判所は労働者に有利な判断をすることが多いといわれている。

4 知的財産権

(1) インドにおける知的財産法制

WTO加盟国であるインドにおいて，知財関連法はTRIPS協定に準拠して定められているが，実際上は，法執行面，特に特許権侵害や刑事での商標・著作権侵害摘発においては，課題が残っていると理解されている。

(2) 各知的財産権の概要

(ｱ) 特許法 (Patents Act, 1970)

特許法は，2005年にTRIPS協定上の義務を履行するため大幅に改正され，現在では，TRIPS協定の規定に則った形になっている。

特許権とは，発明を保護するために付与される権利を指し，発明とは技術的分野における科学的問題に対する解決方法を提供する発明者のアイディアを指す。発明は製品・方法，ないしはそれらに関連するもので，新規性，進歩性を有し，工業的に応用可能な場合において特許が許諾される。特許に対する権利は発明者に帰属し，特許出願日から20年間保護される。

日本特許庁とインド商工省産業政策促進局は，2018年8月22日に実施された第2回日印知的財産評価会合において，日本とインドとの間の特許審査ハイウェイ (PPH)[18] の試行を開始することを決定している。本書執筆時点では，試行の開始は確定していないが，インドとしては2国間協力の枠組みで行う初の試みであり，試行されれば，インドの知財環境強化につながるものである。

(ｲ) 著作権法 (Copyright Act, 1957)

著作権法は，著作者の著作権とその原作品を，他人による違法な使用から保護することを目的とする。保護の対象は，文学，文化的演技の著作，演技者，

---

18) ある国で特許権を取得可能と判断された特許出願に対し，後続の他国において簡易な手続で早期審査を受けることができるようにする枠組み。

音楽制作者の業績や放送機関を通じた放送内容である。

　原則として，著作権は，著作者が著作物を創作した時点より60年間存続する。映画フィルムの場合には，当該フィルムが公開された年の翌暦年の開始時から起算して60年間，放送複製権は放送が行われた年の翌暦年の開始時から起算して25年間，実演家の権利は実演が行われた年の翌暦年の開始時から起算して50年間存続する。

　また，著作権法においては，いわゆる著作者人格権，すなわち，著作物の著作権を主張する権利，及び当該著作物に関する歪曲，切除，変更又はその他の行為で，自身の名誉又は名声を害するおそれのあるものに関し，損害賠償の範囲を制限又は請求する権利も認められている。

(ウ)　商標法（Trade Marks Act, 1999）

　商標とは，ある者の商品又はサービスを識別することができる標章である。具体的には，図形，ブランド，見出し，ラベル，チケット，名称，署名，語，文字，数字，商品の形状，包装若しくは色彩の組合せ又はそれらの組合せから構成される。商標登録を受けることにより，その標章の所有者は，登録商標の使用をする権利を専有する。商標の出願は，商標登録局（registrar of trade marks）で行う必要がある。異なる区分の商品又はサービスについて，1つの出願で商標登録を行うことも可能である。また，登録商標権の存続期間は出願日から10年間であるが，申請により10年毎の更新が認められている。

(エ)　意匠法（Designs Act, 2000）

　物品の形状，模様，色彩の組合せ，又はその材質によって，工業製品や手工芸品に特別な外観を与え，それらが産業上利用可能で新しい場合に工業意匠として登記され得る。また，登録意匠権の存続期間は，登録日から10年間である。ただし，期間満了前に，意匠庁長官（Controller General of Designs）に申請することで，5年間延長することができる。

(オ)　営業秘密の保護

　インドには日本の不正競争防止法上の営業秘密の保護に相当する法令は存在

せず，法令に基づく特定の秘密保護が期待できない。したがって，秘密保持契約等の契約に基づいて機密の保持を手当てする必要がある。

(3)　商標侵害案件における救済方法

インドにおいては，知的財産権のうち，特に商標侵害事案が問題になることが多い。以下，商標侵害案件における救済方法について概説する。

㋐　先使用主義

インドの商標制度では，登録主義とともに先使用主義も採用されている。その意味で，使用の事実を示すことができれば，未登録商標であっても一定の保護を受けることができることになる。

前提として，登録申請時の両者の関係を確認すると，まず，商標の使用自体は，商標登録の条件ではない。もっとも，出願商標が競合する場合は，登録が認められるのは先に使用を開始した出願人となる。

次に，侵害訴訟時の救済方法について比べると，まず登録商標の場合，商標法に基づいて侵害訴訟を提起することができるのに対し，未登録商標の場合，パッシングオフ（passing off）[19]を根拠に，判例法に基づく救済を求める訴訟を提起することになるという違いが存在する。実際上は，登録商標の方が未登録商標より権利行使はしやすい。登録商標の場合，侵害があれば，商標の類似性だけを証明すれば自己の権利保護が認められるのに対して，未登録商標の場合，判例法上，商標の名声，波及効果，国境を越えた名声，混同の恐れ，取引の過程における虚偽表示，損害又は損害発生のおそれなどの要件を立証する必要がある。

㋑　不使用取消審判

ある未登録商標について商標出願を行った場合，あるいは使用を開始した場合に，先だって別の出願者により登録された同一又は類似の商標があり，かかる同一・類似商標との抵触関係が生じることがある。

---

19)　自分が作った商品や提供しようとするサービスに他人の名前やマークを付与して販売又は提供すること。

　このような場合であっても，別の出願者により登録された同一・類似商標が使用されていない場合には，当該未登録商標出願者の観点からは，当該同一・類似商標について，インド国内での未使用を根拠に，商標登録の取消し（不使用取消審判）を申し立てることも認められている。具体的には，不使用取消請求の日の3か月前までに，当該商標が登録簿に登録された日から継続して5年以上の間，善意にインド国内で使用されていなかった場合等がこれに該当する。

㋒　周知商標の保護

　未登録商標であってもインドにおいて周知されている商標については，周知商標というカテゴリーにて，同一又は類似の商標の登録出願時及びそれにかかる異議申立ての審査時において，非類似商品役務の範囲まで，保護されることとされている。

　周知商標は，従前は，裁判所により認定されていたが，2017年の関連規則の改正により，周知商標として認定するよう申請する制度が設けられている。外国の周知商標に対する保護を判断するに際して，裁判所は，関連する分野の公衆による周知商標の認識，国境を越えた名声，波及効果，広範な使用，広告といった様々な要素を考慮する。周知商標のリストは，インド特許庁により公開されている。

㋓　商標法等による救済措置

　商標法及びその他の法令上，商標の侵害事案の場合，権利者にいくつかの救済方法が認められている。

　民事上は，差止命令，損害賠償又は不当利得の返還，破棄又は抹消のための侵害貼札等のための（原告又は裁判所への侵害品の）引渡しである。差止命令においては，早期の救済として，侵害裁判の係属中に裁判所の指示する期間内で暫定処分が認められ，具体的には，被告に対して情報開示や資産凍結を命じることができる。また，侵害者の商標権侵害行為により損害が認められる場合，通常の範囲の損害賠償に加え，懲罰的賠償も認められる。

　刑事上は，虚偽商標の使用に関しては，6か月以上3年未満の懲役，5万以

上 20 万ルピー以下の罰金が科される。

　さらに，2007 年知的財産権（輸入品）強制執行規則（Intellectual Property Rights (Imported Goods) Enforcement Rules, 2007）に基づいて，模倣品の通関を差し止めるよう権利者が税関局に申請することが認められている。申請時，権利濫用を防ぐ観点で保証金の預託が必要となる。登録後，有効期間は 12 か月とされている。

5　コンプライアンス

　インドでひとたびコンプライアンス違反を起こすと，民事・行政・刑事上の責任が生じるのみならず，当局との関係，消費者に対するイメージやレピュテーションの低下等，多大な損失が発生する可能性がある。コンプライアンス違反を理由として消費者や労働者等に訴えられるリスクを減らすうえでも，訴訟大国インドでは力点を定めたコンプライアンスの確保が重要となる。

(1)　贈収賄規制

㋐　概　要

　公務員の贈収賄に関する基本法は 1988 年汚職防止法（The Prevention of Corruption Act, 1988）（以下「汚職防止法」という）である[20]。

　汚職防止法は，公務員又は政府系組織の職員（以下「公務員」と総称する）による賄賂の収受を禁止している。具体的には，公務を果たすにあたり，正当な報酬（legal remuneration）以外の賄賂（gratification）を受領すること，腐敗した又は違法な手段で公務員に影響を与えるため賄賂を受領すること，及び公務員に個人的な影響力を行使するため賄賂を受領することが禁止されている。収賄行為に対する刑罰は，3 年以上 7 年以下の懲役及び罰金である。

　また，私人が公務員に贈賄することも禁止処罰行為となっており，7 年以下の懲役又は罰金又は併科となる。従業員又は関係者（person associated）が贈賄を行った法人（インドでビジネスする外国法人を含む）にも，罰金が科される。関係者による贈賄について，同意（黙示を含む）した取締役，マネージャー，秘書役等にも，3 年以上 7 年以下の懲役及び罰金が併科されることが法律上規定されている。

　贈賄が強要されたもの（compelled to give）である場合には，贈賄実行から 7 日以内に当局への通報を行うことを条件として免責される可能性がある。また，関係者による贈賄防止のため，別途政府により規定されるガイドライン遵守の

十分な手続（adequate procedures）をとったことを法人が立証した場合にも [21]，免責の可能性がある。万が一，自社企業の従業員による贈賄行為が発覚した場合は，当該規定の適用により免責が得られないかについて検討すべきである。なお，商業賄賂については，規制がなく，不処罰である。

(イ)　関 連 規 制

加えて，以下のような関連規制も存在する。

---

① 2010年外国献金規制法（Foreign Contribution（Regulation）Act, 2010）：選挙の候補者，国会議員，政府職員，公共事業者の職員（Public Servant Undertaking）等列挙された者が，外国の者等（Foreign source）から，25,000ルピー相当を超える物品（article），現金，有価証券等，海外からの献金（foreign contribution）を受領することを禁止。

② 中央行政サービス規則（Central Civil Service（Conduct）Rules, 1964）：特定の公務員及びその家族が，インド政府と契約関係又は取引関係にある外国企業から，贈答（gift）を受領すること等，特定の行為を禁止するとともに，近親者又は知人の結婚式・宗教儀式等において社会的慣習に従って贈答を受領する場合，一定金額（公務員のカテゴリーに応じて1,000〜7,000ルピー）を超える場合に報告義務を課す。

③ 全インド行政サービス行動規則（All India Service（Conduct）Rules, 1968）：特定の公務員及びその家族が，5,000ルピー相当額を超える贈答（gift）を，政府の承認なく受領することを禁止するとともに，近親者又は知人の結婚式・宗教儀式等において社会的慣習に従って贈答を受領する場合，25,000ルピーを超える場合に報告義務を課す。

なお，英国法等にみられるような民間人に対する贈収賄を規制する商業賄賂（Commercial Bribe）の禁止規定は設けられていない。

21）　ただし，当該ガイドラインは，2019年7月31日現在未だ策定されていない。

㈢　実務上の留意点と対応策

　賄賂性の認定にあたって金額基準が定められておらず，またいわゆるファシリテーション・ペイメント（行政手続円滑化のための少額支払）も賄賂として認定される可能性があることから，例えば，役所での書類作業を迅速に進めてもらうために一定額を支払うことも，「エクスプレス・チャージ」その他の名目を問わず，贈賄行為に当たり得ることに留意が必要である。インドでは季節の祭事に贈答が行われることも多々あるため，都度，当該贈答が贈収賄規制上又は当該公務員の行動規範上問題とならないかについても，留意する必要がある。

　実務上，汚職防止のための社内体制を構築することも重要である。政府当局と連絡をとり合う可能性の高い外部のコンサルタント，アドバイザー，エージェント等を起用する際の方針を策定したり[22]，内部向けにも日々の業務に関して政府職員とどのように関わり合い，又は，やりとりするかに関する方針（許容される贈答品，政府職員からの「要求」への対応等に関する知識をまとめたもの）の策定を行うことも一案である。適切な内部管理を行うための一方針として，現金引出の一般的方法である現金伝票又は払戻伝票の発行に関する明確な内部方針を策定することや，財務管理の基準を設けることも有効である。

　社内のチーム編成として，管理体制の運用状況について，定期的に経営陣に報告する独立したチームを設置することも考えられる。雇用の際に，雇用契約に汚職防止関連の法律及び会社の方針の遵守義務，懲戒処分及び／又は即時解雇，雇用終了について記載した明確な規定を盛り込むことも，実効的な遵守を確保するために重要である。社内の自主的な監視を確保するために，内部通報窓口の設置も有効な手段となり得る。

　賄賂を要求された場合や，汚職が発生した場合の対応は以下のように行うべきである。まず，賄賂の支払を打診された場合は，「社内規程により認められておりません」と言って，毅然と断る。届出，登録，提出等に関しては，公表されている規則及び規制に依拠したうえで行ったにもかかわらず，政府職員が正当な理由なしに届出等を拒絶し，賄賂を求めた場合はその上官に訴える。上

---

22)　明確に説明できる透明なプロセスであることが必要であり，継続的監視に関する条項を設けることも一案である。また，業者を起用する際に，事前に一定のデュー・ディリジェンスを実施することも推奨される。

記したように便宜を図ってもらうための金銭であるファシリテーション・ペイメントでも違法とされる可能性があるからである。何らかの文書又は要件が不備であったことにより政府への届出，提出，登録等が中止又は拒絶された場合や，何らかの不遵守又は潜在的不遵守が当局によって発見された場合でも，賄賂を支払って安易な方法で済ませないようにする。届出，提出，登録等については，法令に従い，不備を補うことで対応する。不遵守等については，自らの権利，及びかかる不遵守等の影響を適法な手段で最小限のものとするための方法に関して，まずは，弁護士に相談する等の方法で対応する。なお，弁護士には秘匿特権が存在するため，この相談内容は秘匿特権によりカバーされる。さらに，法律の定めに従い，自主納付（compounding），和解（settlement）等の選択肢をとることで解決を探る。万が一，贈賄事実が発覚してしまった場合，速やかに事実調査を行うとともに，法令上の免責を受ける余地がないかを検討する。必要に応じ弁護士に相談することも推奨される。

(2) 個人情報保護法

(ア) 概 要

　インドにおいては，2011 年に，コンピュータに記録された電子データ等の情報の扱いを一般的に規定する 2000 年情報技術法（Information Technology Act, 2000）の下位規則として，情報技術（合理的安全措置及び手続並びに機密個人データ又は情報）規則（以下，本章において「機密個人データ等規則」という）[23] が施行され，個人情報保護制度が導入されている [24]。

　本規則の適用対象となる個人情報とは，自然人に関する情報であって，情報の収集，受領，保有，保管，取扱い又は管理を行う企業又は当該企業に代わって行動する個人が保有し，又は保有可能性のある他の情報と合わせて，直接又は間接に，当該自然人を識別することができる情報と定義されている。この個人情報については，情報技術法自体においては，取得，保有及び移転等につい

---

23)　Information Technology Act, 2000 に基づき定められた Information Technology（Reasonable Security Practices and Procedures and Sensitive Personal Data or Information）Rules, 2011。
24)　なお，電気通信，保険，銀行・ファイナンス，医療等の産業セクターごとに個別の情報保護に関する規制及び公的 ID 情報であるアダール（Aadhaar）に関する規制等が存在するため，これらの規制を受ける情報を取り扱う場合には個別に現地の法律を確認する必要がある。

て企業に特段の義務は課されていないが，不正使用等に対しては懲役，罰金等の刑事罰が設けられている。一方で，特定の自然人を識別することができる情報のうち，①パスワード，②信用情報（銀行口座，クレジットカード情報，デビットカード情報その他の支払手段の詳細等），③身体的，生理的又は精神衛生的状況，④性的指向，⑤医療記録及び履歴，⑥生体認証情報，⑦上記各号に関連して企業のサービス提供のために提供された情報並びに⑧適法又は違法な契約に基づき，企業が取り扱い又は保管するため，上記各号に従って受領した情報によって構成される個人情報（以下「機密個人データ等」という。機密個人データ等規則3条で①から⑧の類型が指定されている）については，機密個人データ等規則により，その取得，保有及び移転等について詳細なコンプライアンスの義務が課されるとともに，情報技術法自体において，その不正使用等により損害を生じさせた場合，当該影響を受けた者に対する補償義務が定められている。

　他方で，小規模事業者に関する適用除外は設けられていない[25]。本規則は原則としてインドにおいて個人情報を収集・利用する全ての法人に適用されるため，日系企業のインド現地法人においても対応体制を整えることが必要である。

　なお，個人情報保護等を検討するインド政府設立の専門家委員会は，2018年7月27日，電子情報技術省に最終報告書と個人情報保護法案の原案を提出している。同報告書は，法の及ぶ範囲と適用可能性，個人データの処理，個人情報の国外移転及び法執行等に関する分析と提言をまとめている。

　また，同原案は「プライバシーに対する権利は基本的な権利[26]であり，プライバシー情報を扱う際の不可欠な側面として，個人情報を保護する必要がある」とし，個人データの処理における組織的・技術的対策の実施に向けた枠組み創設，個人情報の越境移転基準設定及びデータ保護当局設立等を盛り込んでいる。

---

25)　本規則施行後の2011年8月に発行されたPress Noteにおいて，機密個人データ等の取得や保持に関するサービス提供を行う一定の事業者（具体的にはアウト・ソーシング業者）は本規則の適用対象から除外されている。

26)　インド最高裁判所は，2017年8月24日に，プライバシーの権利は憲法で定められた基本的人権の1つであるとの判決を下している。

(イ)　機密個人データ等規則上の主な義務内容

① プライバシー・ポリシーを策定・公表する義務

　企業は機密個人データ等を含む個人情報の取扱いに関するプライバシー・ポリシーを策定して，個人情報を提供した本人が知り得る状態に置かなければならない。

② 個人情報を取得・利用する場合の義務

　企業は機密個人データ等を取得する場合，その利用目的について事前に提供者から書面（ファックス及び電子メールを含む）による同意を得なければならない。また，情報を収集する前に，情報提供者に対して情報を提供しない選択肢を与える必要がある。企業等の機能又は活動に関連する適法な目的のために必要と考えられる場合でない限り，データを収集してはならないという義務もある。そのうえで，取得された情報は取得された目的のため利用しなければならない。情報収集の際には，収集されている事実，収集目的，情報受領予定者並びに情報を収集する代理人及びそれを保有する代理人の各名称・住所を，情報提供者に認識させるための合理的措置をとる。保有期間は，適法な使用目的に必要な期間等，必要な期間に限定されるべきである。情報提供者の要求に応じて，提供した情報を精査する機会を提供し，不正確な点がある場合等は修正又は変更する。また，企業は情報の処理に関する情報の提供者からの苦情を適時に処理しなければならない。

③ 機密個人データ等を第三者に提供する場合の義務

　機密個人データ等を第三者に提供する場合，当該提供が企業と情報の提供者の間の契約において合意されているとき，又は，当該提供が法律上の義務を遵守するために必要なときでない限り，当該情報の提供者から事前に同意を得なければならない。

　また，企業等は，機密個人データ等を公表することができない。加えて，センシティブ個人情報等を受領した者も，当該センシティブ個人情報等を別の第三者に開示することはできない。

　情報提供者は，自身が提供した情報にアクセスすることができ，与えた同意を撤回することができる。

　なお，企業等は，情報提供者からの情報処理に関する苦情申立てについて対

応する義務があり，当該目的のため，苦情対応責任者（Grievance Officer）を選任し，その氏名及び連絡先を自らのウェブサイトに掲載しなければならない。

④　情報の移転

　企業等は，機密個人データ等をインド国内外の企業等（移転先企業等）に移転することができるが，移転元企業等の義務として，移転先企業等に対し，移転元企業等が機密個人データ等規則の規定に従って講じるのと同レベルのデータ保護を確保させる必要がある。当該「確保」の方法について，機密個人データ等規則上には特段の条項は設けられていないが，実務的には，移転先企業等のデータ保護が機密個人データ等規則の条項に従って講じられるのと同じレベルであることを確保する旨の契約上の義務を，移転先企業等との契約において明記する等の対応がとられている。

　また，移転が許されるのは，上記の要件が満たされていることに加え，①企業等と情報提供者との間の適法な契約の履行に必要な場合，又は②情報提供者が情報の移転について同意している場合に限られる。機密個人データ等規則上，これらに関する例外は設けられていない。

⑤　情報管理義務

　企業は合理的なセキュリティ体制及び手続を講じなければならない。かかる体制及び手続を過失により実施・維持せず，その結果，損失又は第三者に利得をもたらした場合，企業はこれにより損害を被った個人に対して賠償責任を負うこととされる。事業の性質上保護すべき情報資産にふさわしい管理上，技術的，運営上及び物理的安全管理手段を含む安全措置及び基準を遂行し，包括的な文書化された情報セキュリティプログラム及び情報セキュリティ指針を有する場合には合理的安全措置及び手続を講じたものと考えられている。機密個人データ等規則上，ISO/IEC 27001 を採用した企業等は，合理的安全措置及び手続を講じているとみなされる（ただし，定期的な認証・監査を受ける必要がある）。

(ウ)　2018 年個人情報保護法案

①　対象となる個人情報

　法案によれば，現行法の個人情報と機密個人データ等の二段階の規制の枠組みは基本的には維持されている。すなわち，個人データと機密個人データとい

う2つの概念が存在し，前者は現行法の「個人情報」に，後者は現行法の「機密個人データ等」に対応するものと理解される。なお，機密個人データは，その範囲がより広げられており，公的ID情報（Aadhaar番号），生体データ，部族，宗教，及び政治信念，性的傾向，性生活等も含まれている。また，18歳未満の子供の個人情報については，子供の権利及び最善の利益を守るため，追加の義務が規定されている。

② 適用範囲

　法案によれば，同法の適用範囲は，以下のように域外適用を想定したものとなっている。

(a) 同法は，個人データがインド国内において取得，開示又は共有等の処理がなされる場合の，個人データの処理や，インド政府，インド企業，インドの個人又はインド法に基づいて設立・創設されたいかなる主体若しくはその集合体による個人データの処理に適用される。

(b) (a)にかかわらず，インドにおいて行われる事業，若しくはインド国内のデータ主体に提供される商品・サービスの計画的活動に関して，又は，インド国内で，データ主体（data principal）のプロファイリングに関する活動に関して，インド国内に所在しないデータ管理者（data fiduciary）若しくはデータ処理者（data processor）により個人データが処理される場合，同法が適用される。

(c) (a)や(b)にかかわらず，同法は，匿名化されたデータの処理には，適用されない。

③ 義務の加重

　EUの一般データ保護規則（General Data Protection Regulation）（以下「GDPR」という）の影響を受けて，GDPRにおいて管理者又は処理者に課されている義務の多くが，この法案にも規定されている。すなわち，①透明性を確保するために所定の情報を利用可能な状態にする義務，②安全措置を講じる義務，③データブリーチが生じた場合に当局に通知する義務（データ主体に損害が生じるおそれがある場合に限る。なお，GDPRと異なり，データ主体への連絡は，当局が指示した場合に行う），④データ主体に重大な損害が生じるリスクのあるデータ処理を行う場合等においてデータ保護影響評価（Data Protection Impact Assessment）を

行う義務，⑤所定の事項を記録する義務，⑥データ保護責任者（Data Protection Officer）を選任する義務（GDPR と異なり，義務的選任となる場合の要件がなく，常に選任が求められるように読める），⑦個人データの処理を処理者に行わせる場合に処理者との間で契約（GDPR と異なり，契約に規定するべき条項は見当たらない）を締結する義務が規定されている。

　その他に GDPR と異なる点として，独立したデータ監査人（data auditor）による監査を 1 年に 1 回受ける義務も課されている。

④　越境移転規制とデータローカライゼーション

　個人データは，政府により通知される機密個人データの項目に当たるもの（以下，本章において「特定機密個人データ」という）を除き，以下の場合にインド国外に移転することができる。

(a) 当該移転が，当局が承認した標準契約条項又はグループ内スキームに服して行われる場合
(b) 特定の国，国のある産業セクター，又は特定の国際組織への移転について，中央政府が許可した場合
(c) 必要性に鑑み，当局が特定の移転を許可した場合
(d) (a)又は(b)が充足されることに加え，データ主体が個人データの移転に同意した場合
(e) (a)又は(b)が充足されることに加え，データ主体が当該機密個人データの移転に明示的に同意し，当該データが特定機密個人データを含まない場合

　また，特定機密個人データについても，以下の場合に国外に移転することができる。

・ 同法 16 条に定める目的（雇用関係）のため即時の行動をとる厳格な必要性があって，健康に関するサービスや緊急サービスの提供を行う個人・組織へ提供する場合（ただし，所定の期間内に当局への通知が必要）
・ 特定の国，国のある産業セクター，または特定の国際組織への移転について，

中央政府が許可した場合で，かつ，当該移転がデータ管理者又はデータ主体の
ために必要であると中央政府が認め，本法の効果的な執行を害さない場合

　さらに，個人データをインド国外に移転する場合，最低１件の個人データ
の写しをインド国内のサーバに保管することが義務づけられている。また，中
央政府が別途，インド国内のサーバにおいてのみ保管される厳格個人データ
（critical personal data）の分類を定めることを認めている。これらは，いわゆる
データローカライゼーションに係る規制であるといえる。前記(2)⑦の最終報告
書によれば，例えば，Aadhaar 番号，遺伝情報，生体認証情報，健康情報等は，
外国（企業等）の監視下に置かれることは避けるべきであると報告されている。
⑤　新たな管轄当局の設立
　法案によれば，同法の管轄当局として，新たにデータ保護当局（DPA：Data
Protection Authority）が設立される。また，同時に，罰金の適用等を行う司法担
当者（Adjudicating Officer）及び専門の控訴審判所も設置される。そのうえで，
同法に関する法的紛争は，最終的には，インド最高裁判所にて解決される。
⑥　データ主体の権利
　法案によれば，データ主体の権利として，個人データにアクセスする権利，
個人データを修正する権利，個人データを受領したり移転させたりする権利が
明記されている。これらに加え，いわゆる忘れられる権利も一部導入されてい
る。
⑦　厳しい罰金
　法案によれば，義務違反の場合の主な罰金として，義務の内容に応じ，大き
く二段階の罰金が設けられている。軽いものは，5000万インドルピー又は前
会計年度の世界総売上の 2％ のいずれか重い方が上限になり，重いものは，1
億5000万インドルピー又は前会計年度の世界総売上の 4％ のいずれか重い方
が上限になる。

(3)　競　争　法

(ア)　概　要

　インドでは，2002 年競争法（Competition Act, 2002）（以下「競争法」という）
が主要な独占禁止関連法令であり，3 種類の取引慣行，すなわち，反競争的協
定，支配的地位の濫用及び企業結合を規制する。

　反競争的協定に関して，競争法は(a)競争関係にある者同士の協定（水平的協
定）と，(b)生産チェーン上の異なる段階に位置する者の協定（垂直的協定）の 2
種類の類型を規定し，インド国内での競争に相当な悪影響を及ぼす場合を禁止
し，これらを無効としている。

　競争委員会が競争法を管轄する当局である。

(イ)　水平的協定

　同一又は類似の製品取引又はサービス提供に従事する企業，自然人又は団体
間における以下の 4 種類の水平的協定を定めており，これらに該当する協定
は，インド国内での競争に相当な悪影響を及ぼす協定であると推定される。

- 直接又は間接的に，購入価格又は販売価格を決定する協定（いわゆる価格協
  定）
- 生産，供給，市場，技術開発，投資又はサービス提供を制限又は統制する協定
- 市場の地理的地域，製品若しくはサービスの種別，市場内の顧客数の割当又は
  その他類似の方法による市場，生産資源又はサービス提供を分割する協定
- 直接又は間接的な，不正入札又は入札談合に関する協定

　ただし，生産，供給，流通，保管，製品の取得若しくは管理又はサービスの
提供の効率を向上する合弁事業協定については，上記の 4 種類の協定に該当
する場合であっても，インド国内での競争に相当な悪影響を及ぼす協定である
との推定はなされない。

　これら 4 種類の協定については，競争委員会がこれらに該当することを証

明することにより，上記推定に基づき，当該協定の停止や当該協定の修正命令を下すことができる。

　なお，競争法上，競争委員会がインド国内での競争に相当な悪影響を及ぼすか否かを判断するにあたっては，市場新規参入障害の有無，既存の競争者の排除の有無，顧客が得る利益，生産向上の有無，生産技術等の向上の有無などが考慮要素として規定されている。もっとも，上記により推定が及んだ協定をなした当事者が，インド国内での競争に相当な悪影響がないことについて反証をすることは，一般的には容易ではないと考えられている。

(ウ)　垂直的協定

　水平的協定の場合と異なり，競争法上，垂直的協定に該当していることをもって，インド国内での競争に相当な悪影響を及ぼす協定であると推定される規定はない。また，垂直的協定に関して，具体的な類型として下記の5種類が定められている。もっとも，垂直的協定に該当する行為の代表例であり，垂直的協定の類型がこれらに限られるものではない。

- 抱き合わせ
- 排他的供給契約
- 排他的流通契約
- 取引拒絶
- 再販売価格維持

　インド国内での競争に相当な悪影響を及ぼすか否かを判断するにあたっては，市場新規参入障害の有無，既存の競争者の排除の有無，顧客が得る利益，生産向上の有無，生産技術等の向上の有無などを考慮するが，この点は水平的協定と同様である。

(エ)　支配的地位の濫用

　検討対象市場（地理的特性・商品の特性等を総合的に考慮のうえ画定）において

支配的地位を有する事業者等が不公平な取引条件・価格の設定や市場参入の制限等を行うことは競争法上禁止されている。

　支配的地位とは，当該事業者等が当該市場に及んでいる競争力から独立して活動すること，又は自己にとって有利に競争相手若しくは消費者又は当該市場に対して影響を及ぼすことを可能にする地位にある場合をいう。

　事業者が支配的地位を有するか否かを調査する際に考慮すべき要素としては，当該事業者等の規模，市場占有率，参入障壁等がある。

㋔　罰　則

　水平的協定，垂直的協定及び支配的地位の濫用に関する規定に違反した者に対しては，競争委員会によって課徴金の納付・違反行為の差止め（排除措置命令）等が命じられる可能性がある。

　なお，課徴金の額は，直近3事業年度の平均売上高の10%を超えない額で競争委員会が適切と考える額となる。ただし，カルテルの場合は当該カルテルが継続していた各年の利益の3倍又は当該カルテルが継続していた各年の売上高の10%のいずれか高い方を上限とした額が課徴金として課される。

　上記の競争委員会による命令・指示に従わない場合には1日ごとに最高10万ルピー，総額で最高1億ルピーの罰金が科される。さらにそれでもこれに従わない場合には，最高3年の禁錮若しくは最高2億5000万ルピーの罰金（併科可能）が科される。

㋕　リニエンシー制度

　反競争的協定の禁止に違反した事実を自主的に申告し，かつ所定の要件を満たした事業者等に対しては，かかる申告のタイミング，申告された情報の内容等を考慮のうえ，競争委員会の裁量により，課徴金を減免（最初の申告者は最大で全額免除，2番目の申告者は最大で50%減額，3番目以降の申告者は最大で30%減額）することができる。

　2017年1月，リニエンシー制度が適用された初めての案件が競争委員会により公表されている。

㈔　競争委員会による調査

　競争委員会は，カルテル等の競争法違反行為の疑いがあると認める場合，通常，競争委員会による調査を補佐するために選任される事務局長（General Director）に対して調査を委託する。競争委員会は，60日を超えない範囲で特定の期間を定め，事務局長に対して当該期間内に調査を完了して調査報告書（investigation report）を提出するよう命じる。もっとも，調査期間を延長することは可能であり，実務上は，複数回調査期間が延長された結果，調査完了まで1〜2年程度かかることも珍しくない。

　競争法違反の調査を担当する事務局長は裁判所による令状なしに，各種の文書の提出や関係者の取調べを求めることができる他，裁判所による令状を得たうえで，捜索差押え等の強制捜査を行うこともできる。また，カルテルに関する合意がインド国外で行われた場合や，当事者が国外に所在する場合においても，競争委員会及び事務局長は，インド国内市場に悪影響があると認める限り，競争法を適用することができる。したがって，調査の対象は日系企業のインド現地法人のみならず日本企業本社にも及ぶ可能性も否定できない。

　実務的には，競争委員会の委託を受けた事務局長名義で情報及び書類の提出を要請する通知を受領することで，競争委員会及び事務局長が自社に対して競争法違反の調査を開始したことを知ることが多くある。かかる場合，15日ないし3週間等の短期間での対応が求められるのが通例であるため，迅速に社内調査を実施し，回答書を作成することが必要になる。なお，競争委員会及び事務局長による調査に対して不実の報告をした場合や，重要な事実を隠蔽した場合には刑事罰の対象になり得る。

(4)　内部通報者保護

　インドにおいては，日本の公益通報者保護法のような内部通報者を一般的に保護する法制度はない。2011年内部通報者保護法（The Whistle Blower Protection Act, 2011）は，前記の汚職防止法違反行為もカバーされているが，公務員の汚職行為を対象とするものであり依然として施行未了である。

　会社法（Companies Act, 2013）においては，上場会社や銀行・金融機関からの借入額が5億ルピーを超える会社及び公衆から預託[27]を受け入れている会

社のように，一定の会社については内部通報制度（Vigil System）の設置が義務づけられている。また，当該通報制度においては，その効用を受ける従業員又は取締役に対する不利益取扱いの適切な防止を図ること，また，監査委員会の議長又は監査委員会非設置会社においては監査委員会に代わる役割を果たす取締役に対して直接通報する手段も整備する必要がある。

日系企業のインド子会社で上記設置義務要件に該当する企業は限定的であると考えられるが，グローバルな通報制度の一環として，上記義務の適用にかかわらず，インドでも制度を導入する企業は増加傾向にある。インドにおいては社内不正が発生する可能性が高く，汚職リスクも高いため [28)]，内部通報が発覚の端緒になることが多いからである。

なお，(1)で説明したように，インドの汚職防止法では，会社の従業員が汚職行為を行った場合に会社も責任を負うものの，当該会社が，従業員による汚職行為を防止するための適切な手続（adequate procedures）を整備していた場合には，当該責任の免責があり得ることも規定している。適切な手続についてのガイドラインが発行されるまで，何が適切な手続となるかは，依然として不明であるが，米国の海外腐敗行為防止法（Foreign Corrupt Practices Act）と同様に，実効性のある内部通報制度の設置が，インドの汚職防止法における適切な手続整備の1つとされる可能性があるとも考えられる。

内部通報制度の具体的内容について法令，ガイドラインには明記されていないが，証券取引委員会の規則により上場会社は内部通報制度をウェブサイトで公表するよう規定しているので，実務上どのような制度があるかについてこうした公表事例を参照することはできる。

なお，実際の内部通報窓口の設置及び運用にあたって，インドはヒエラルキーの厳しい社会であるので，通報先の設定の仕方によっては，報復を恐れて通報をためらう可能性があるという点に留意が必要である。一方，この点のみ留

27）　預託（deposit）の定義には，他社による預託，貸付その他の形式による金銭の受領が広く含まれるが，会社法規則に詳細な除外規定があり，例えば親子ローンなどを含む法人からの預託などは除外されており，本要件に該当する日系子会社は基本的には限定的であると考えられる。
28）　2018年におけるトランスペアレンシーインターナショナルの公共部門の腐敗度を調査した指標（CORRUPTION PERCEPTIONS INDEX 2018）によれば，インドは180カ国中78位（日本は18位）であり，依然として汚職が深刻な地域である。

意すれば，インドの労働者は一般に権利意識が高く，活発に発言・行動する傾向にあるので，他の新興国と比べ内部通報制度を設置した場合の通報件数は多くなることが予測される。したがって，インド子会社においては，各社の実態に応じて周知・通報方法や対応を工夫して，効率的に多数の内部通報を処理するための運用方法の検討も重要となる。

　なお，インドの会社法においても，理由のない通報を繰り返した取締役又は従業員に対しては，懲戒を含めた適切な措置をとることができるとされている。

(5)　コンプライアンス体制の構築の実務

　インドに限った話ではないが，コンプライアンス体制の構築に際しては，一般的に以下のような段階を追って作業を進めていくことが有効である。

- 情報収集：知らず知らずのうちにコンプライアンス違反の事態に陥ることを避けるため，最新のコンプライアンス関連情報を入手可能な体制を整えておく
- 現状調査：現実に社内でコンプライアンスが確保されているか，アンケート調査等の方法で確認する
- 社内規則の見直し：定款，就業規則等の社内規則が適用法令に沿ったものになっているか，定期的に，また法改正にあわせて見直す
- 従業員教育：現状調査，社内規則を踏まえ，セミナー，グループ・セッション，eラーニング形式による従業員講習，社内規則をわかりやすく説明するパンフレットの作成等により従業員教育を実施する

　インドにおけるコンプライアンス確保の難しさは，日系企業としてアジア現地子会社に対しても要求すべきポリシーをどこまで現地化すべきかという点にある。最新の現地情報を常にアップデートしつつ，日本の常識，日本法との相違点を意識しながら，自社なりのコンプライアンス・ポリシーを作り上げていくことが必要であるといえる。

⑹　社内での不正対応の実務

㋐　証拠の保全措置

　まず，不正への関与が疑われる役職員による証拠隠滅を防止するとともに，裁判等の法的手続になった場合に備えて，証拠の保全措置をとることが必要である。具体的には，社内メールやデータベースへのアクセス制限を行うことが考えられる。本人が不在時に一時的にデータを引き取り，データ解析をする方法をとる場合もある。

　また，社内情報の管理という観点に加え，本人が出勤して社内の従業員と接触がある場合には，部下などに圧力をかけたり，隠蔽行為を指示したりする可能性もあるので，本人をオフィスから隔離する必要があることもある。嫌疑の程度と隔離の必要性次第であるが，本人に対して自宅待機を命じることもある。自宅待機処分を課す場合，その間の給与の支給の要否も問題になるが，初動段階には本人の協力を得て調査することも必要であるので，本人の抵抗感を軽減するために当面の給与は支給しておくといった判断もあり得る。無給とする場合は，無給とできるのかについて就業規則（Employee Handbook）又は雇用契約上の根拠が必要であることを留意すべきである。

　一般に会社による貸与物の回収，自宅待機等の処分は，不正行為があると疑われる場合，会社として適法に実施することが可能であると考えられているが，不正行為を疑われている本人から異議を差し挟まれないよう，予め社内規則の形で定めておくことが望ましい。

㋑　社　内　調　査

　不正行為が発覚した場合には，速やかに原因究明のための社内調査を行い，いつ，誰が，どのように関与したのか事実確認を行うことが必要となる。その際，誰が（どの社内組織が），どのように調査を行うのかについても，速やかに確定することができるよう社内体制と準備を整えておくことが望ましい。

　調査方法としては，関係者に対するヒアリングと証拠収集が主なものとなることが一般的であるが，証拠の散失や経年に伴う証拠価値の低下を防ぐため，いずれについても速やかな初動対応が肝要である。具体的には，資料の確保，

インタビュー対象者のリストアップを行い，関係者からの聴き取りを行い社内調査を実施する。電子データの収集及び解析に際しては，外部のフォレンジック・サービスを活用することも考えられる。

　不正行為者への処分も見据える場合には，不正行為者へインタビューを行う際に，後日，手続上の不備を指摘されないよう慎重に実施することが必要である。例えば，インタビューの実施自体がハラスメントであるとして警察に告訴されるような場合もある。インタビューに際して本人に告げず録音をすることも考えられるが，秘密録音に関しては後日裁判等になった場合，証拠能力が否定される可能性もある。後日，「言った，言わない」の争いにならないように，インタビュー実施後，手書きでもよいので直ちに供述書を作成し，本人の署名を得ておくことが望ましい。

　効率性の観点から，また証拠としての価値を万全に保つ観点から，これらの調査にノウハウと知見を有する外部弁護士の指導を受けることが有益である。

㈡　不正行為と当局対応

　不正行為又はコンプライアンス違反が生じた場合，社内調査とともに問題となるのが当局対応である。その際には，First Information Report（FIR）及び弁護士秘匿特権が重要となる。

　FIR とは，被害を受けたと申告する者が口頭又は書面で警察に対して申告した被害事実（Complaint）のうち，警察が令状なしに被疑者を逮捕できる重大犯罪（Cognizable Offence）について，刑事訴訟法に基づいて管轄警察において登録される制度である。FIR が登録された場合には，実務上，強制捜査の可能性が高まるため，例えば従業員の不正行為により警察から呼出状を受けた場合には，まず自社に対する FIR の登録がなされていないかについて，弁護士等を通じて確認し，対応方針を検討する必要がある。

　次に，インドにおいても，弁護士と依頼者の間のコミュニケーションに関する弁護士秘匿特権の制度が認められている（Evidence Act, 1872 第 126 条・129 条参照）。不正の内容によっては，専門性や客観性を担保するため，会計士，弁護士等の外部の専門家を関与させることが有用な場合が存在するが，不正行為が発覚した場合，早い段階で弁護士を関与させそのアドバイスを受けることは

情報管理の観点からも有効である。

　そこで，不正行為やコンプライアンス違反が発覚した場合，初動段階から弁護士のアドバイスを求めるとともに，弁護士とのコミュニケーションにおいては "Confidential & Privilege" との文言を記載して，後日弁護士秘匿特権を主張できる備えをしておくことが望ましい。

　なお，弁護士秘匿特権はもともと外部からアドバイスするインド法弁護士とのコミュニケーションを保護するものとして想定されており，企業内インド法弁護士とのコミュニケーションについて適用され得るかについては，定まった見解はない。これらのことからも，懸念事案を認知した場合には，まず速やかに外部のインド人弁護士に相談することが必要となる。

㈤　不正行為者に対する処分

　不正行為を行った者に対し，どのような処分を行えるかは事案により異なるが，対外的なものには刑事告発等，対内的には解雇，懲戒処分等が一般的に考え得る。前者については刑事手続の，後者については労働法に関する検討が必要となる。

　刑事手続に関連し，実務上留意すべき点は，上記で扱ったため，ここでは解雇の可否について詳述する。

　解雇が可能かどうかについては，本人との間の雇用契約及び社内規則を確認する必要があるが，重大なコンプライアンス違反や犯罪行為がある類型については，法律及び契約上，解雇が可能とされていることが一般的である。もっとも，解雇等の懲戒処分を課す場合には，本人から後日手続違反の主張を受けることに備え，適正手続を心がけることが重要である。Show Cause Notice と呼ばれる通知書を正式に送付して，書面による弁解の機会を付与することもある。比較的軽微なコンプライアンス違反の場合も，同様の違反を繰り返したとき，本人に適切な処分を与えることができるよう，社内規則に従って警告状を出しておくことが望ましい。いずれも外部弁護士の個別のアドバイスを受けて進めるべきである。

(オ) 不正行為を念頭に置いた平時の備え

以上では，緊急時の対応を中心に説明したが，平時から，不正行為に対する備えを行い，不正への関与が疑われる役職員からの紛争リスクを低減させる措置を設けることも重要である。

まず基本となるのは契約関係である。雇用契約や就業規則を通じて万が一の際の解雇規定を整備しておくことはもちろんであるが，(ア)で説明した保全措置や自宅待機に関する根拠規定を定めておくことも望ましい。

(4)で詳述したように，不正の端緒の早期発見のための内部通報制度の整備も検討されるべきである。インドの会社法上，内部通報制度の整備が義務づけられていない会社についても，内部通報制度の設置は不正に対する抑止効果の観点からは有効であり，設置を行うことが望ましい。

不正が発生した場合には，その対応及び改善措置に関するコスト，当局からのペナルティといった経済的ダメージに加え，人事体制の見直し，レピュテーションの毀損により優秀な人材の確保に困難をきたし，インドの事業戦略全体にも影響が及び，そのコストと負担は計り知れない。平時の備えが重要な所以である。

6　紛　争　解　決

⑴　全　体　像

㋐　適　用　法　令

　民事裁判，民事保全，民事執行手続については，1908 年民事訴訟法（Code of Civil Procedure, 1908）（以下「民事訴訟法」という）が規定する。仲裁・調停手続については，1996 年仲裁・調停法（Arbitration and Conciliation Act, 1996）が規定し，同法は，その後の改正で全面的に見直されている（以下「仲裁法」という）。

㋑　司　法　機　関

　インドは，最高裁判所を頂点として，23 の高等裁判所，さらにその下に下級裁判所（地方裁判所を含む）が続くという審級構造を採用している。また，通常裁判所の事件負担を減らし，また特定の事案に専属管轄を有する専門裁判所としての性格を有する準司法機関（Tribunal）も多数設置されている。その一例には，会社法審判所（NCLT），労働審判所，直接税審判所（ITAT），間接税審判所（CESTAT）などがある。準司法機関の判断に対する不服申立ては，通常高等裁判所がその管轄を有する。

㋒　民事訴訟の実情

　通常の民事訴訟制度を通じての紛争の終局的解決には，相当長期間を要する可能性があるという点に留意すべきである。現在高裁レベル以上の審級だけで約 4000 万件を超える裁判が係属しているとされ，最高裁まで争われるような事案の場合，その最終的解決まで 20 年を超える案件も少なくないため，一般的に迅速な紛争解決は全く期待できない状況にある。

㋓　外国判決・仲裁判断の執行

　外国判決が，インドの裁判所により執行されるためには，相互主義を採用す

る旨を告示した国又は地域における上級裁判所の判決謄本を，管轄を有する地方裁判所に提出する必要がある。もっとも，インドが相互主義を採用しているとして告示している国又は地域は，英国，香港，ニュージーランドなどであり，日本は含まれていない。日本の判決を含め，インドが相互主義を採用する旨告示していない国の判決をインド国内において執行する場合には，別途インド国内において民事訴訟を提起し判決を取得したうえで，執行手続を行うことになる。

　一方，インドは，外国仲裁判断の承認及び執行に関する条約（ニューヨーク条約）の締約国であるため，日本を含む同条約の締約国の仲裁判断を，国内で強制執行することができる。ただし，インドは，仲裁法上，外国仲裁の執行の適用対象国を，ニューヨーク条約締約国のうち，相互主義が満たされるとして中央政府が官報により告知した国（シンガポール，日本，米国，英国など）に限定している点に注意を要する。

⑵　民事裁判手続

㋐　民事訴訟手続

　民事訴訟の提起は，原告となる者が裁判所に対して訴状を提出することによって開始される（民事訴訟法26条，民事訴訟 Order 4）。全ての民事上の請求には，原則として訴訟提起が可能な期間が定められており（提訴時効），例えば，契約上の請求は通常3年，不法行為については1年である（1963年時効法（Limitation Act, 1963））。裁判所は，訴状提出日から30日以内に被告に対して訴状の写しが添付された召喚状（Summons）を送達し（民事訴訟法27条ないし29条，民事訴訟 Order 5），被告は，送達後30日以内に答弁書を提出しなければならない（民事訴訟 Order 8 第1項）。答弁書に対しては，さらに原告の準備書面が，さらに被告からの反論書が提出されるのが一般的である。

　インドにおいても，ディスカバリー（Discovery）や文書提出（production of documents）Order 等の手続があるが，実務上，米国等とは異なり網羅的な収集は認められず，当事者が自己が取得困難な証拠（相手方や第三者の支配領域内にあるため裁判所への提出が困難な証拠）等を特定して，裁判所に対して，その所持者に提出を求めることができる制度となっている。

　証拠調べ終了後，当事者は，最終弁論を行い（民事訴訟 Order 18 第2項），裁

判所により判決，決定又は命令が言い渡される（民事訴訟 Order 20）。判決に不服がある当事者は上訴でき（民事訴訟 Order 41），上訴期間は裁判所によるが，一般に判決送達から 30〜60 日以内とされている。

(イ)　民事執行手続

　債務者の支払義務を認める仲裁判断又は裁判判決を得るも，それでも任意に支払わない債務者に対しては，強制執行を検討することになる。

　強制執行は，一般に①判決の対象となる資産の引渡し，②資産の差押え及び売却又は差押えを伴わない売却，③身柄拘束及び拘置，④管財人の選任，⑤判決が認めた救済手段の方法による（民事訴訟法 51 条）。金銭債権の支払の強制執行は，このうち②又は③の方法による。差押え又は売却の対象となる資産は，債務者が処分権を有する全ての財産であり，具体的には土地，建物，動産，金銭，小切手，有価証券，金銭債権等である（民事訴訟法 60 条）。間接強制の方法として定められる身柄拘束又は拘置は，あくまで裁判所への出頭命令が出てもなお，債務者が支払を拒んだ場合に取られる方法とされている。

　上記②の方法による場合には，通常債権者が対象となる財産を特定して執行裁判所に申立てを行うが，相手方の財産の詳細や所在が不明である場合，債権者は，裁判所に対して債務者の財産開示を求めることができる。インドでは，裁判所の財産開示命令に従わない債務者に対しては，民間刑務所（civil prison）への収容という制裁もあるため，一般に債権者にとって有効なツールとして機能しているとされる。これと並行して調査会社に委託して債務者の財産調査を行うこともある。

(ウ)　民事保全手続

　主な民事保全手続として，日本の仮差押えに相当する Attachment と，処分禁止の仮処分に相当する暫定的差止命令（Temporary Injunction）がある。インドでは，日本の保全手続とは異なり，訴訟提起を行った後に保全手続の申立てを行う必要がある。もっとも，債務者の資産隠匿の可能性が高いなど緊急性が高い場合には，運用上，訴訟提起と同時に保全命令を求める申立てを行い，訴状・召喚状の提出よりも先に裁判所に対して保全手続の審理の進行を促し事実

上先に保全手続を進めることが行われている。

(3)　仲　裁

⑦　概　要

インドでは裁判を通じた迅速な紛争解決は期待できない状況のためインド企業との紛争解決の方法としては特に仲裁が有力な選択肢になる。

⑴　仲裁の実務

インド企業との紛争解決においては，通常インド国外での仲裁が最も望ましい紛争解決の選択肢とされてきた。近年，日系企業とインド企業との間では，シンガポールを仲裁地（seat/place of arbitration）として，シンガポール国際仲裁センター（Singapore International Arbitration Centre）（以下「SIAC」）の規則に従い紛争解決する旨の仲裁合意が一般的である。

その背景には，両当事者にとってのシンガポールへのアクセスの利便性や親和性，仲裁機関としての SIAC の実績への信頼などがあると考えられるが，

　①　2012 年の Bharat Aluminium Co. 事件のインド最高裁判決（以下「BALCO 判決」）が，インド国外を仲裁地とする仲裁判断に対するインド国内裁判所の干渉を否定したこと，

　②　2015 年 10 月に施行された仲裁法改正により，インド国外を仲裁地とする仲裁手続に関してもインドの裁判所に保全処分等の暫定措置を求めることが可能となったこと（BALCO 判決で残された問題点が法律上解消されたこと）

は，特に日系企業にとって，インド企業と，シンガポール等の第三国を仲裁地とする仲裁合意を締結することを，法制度面からさらに後押しする一因となっている。

⑴　インド国内仲裁機関の動向

もっとも，契約当事者の双方がインドで設立された会社（日本企業の現地法人を含む）である場合に，インド国外を仲裁地に選択できるかについては，仲裁法の解釈上疑義があるとされており，インドの裁判所における外国仲裁判断の

執行段階で争われる可能性がある。当事者がいずれもインド法人である場合には，基本的には，インド国内を仲裁地とすべきであると考えられる。

　また，インフラ案件などインド政府機関への入札案件においては，政府が用意するモデル契約などに，インド国内を仲裁地とし，国内の仲裁機関の規則を指定する条項が組み込まれていることも多く，特に仲裁地を外国とすることについては，事実上交渉の余地がないケースもある。

　これらのような場合においては，日系企業には，国際水準に照らした仲裁規則を備え，外国当事者との紛争処理の実績と定評を有する仲裁機関が管理する機関仲裁を選択することが推奨される。インド国内で候補となる仲裁機関としては，以前は，世界的にも著名な仲裁機関であるロンドン国際仲裁裁判所（London Court of International Arbitration, LCIA）がデリーに支部を置いていたが，2016年に閉鎖されたことをうけて，現在は，例えば，同年末に民間組織として設立されたムンバイ国際仲裁センター（Mumbai Centre for International Arbitration）がある。

　また，ケースマネジメント自体は遠隔で可能であるため，インド国内を仲裁地とし，SIAC仲裁手続規則等に則ることも選択肢となる。

⑷　刑 事 事 件

㋐　民事事件が刑事事件化するリスク

　インドをはじめとする新興国においては，いわゆる警察の「民事不介入」という考え方が十分に確立しておらず，民事事件が思わぬ形で刑事事件化するリスクが存在する。例えば，債権回収等のトラブルを契機として，現地側が取引に関する詐欺，信頼関係破壊等の罪名で日本側を告訴し，日本人駐在員が現地の警察から突然呼出しを受けるということがある。

　また，債権者が小切手の不渡りを起こした債務者に対して私人起訴する方法（刑事私訴）が，債務者に圧力をかけて債権回収する方法として一般に用いられており，差入取締役がこの方法によって刑事裁判の対象とされてしまうことなどもある。

(イ)　捜査手続の概要

　インドでは，1973年刑事訴訟法（Criminal Procedure Code）が一般的な刑事事件手続を定めている。同法では刑法の各犯罪が，①Cognizable犯罪（Cognizable Offence）と非Cognizable犯罪（Non-cognizable Offence）の2つに分類されている。

　Cognizable犯罪は，警察が令状なしに被疑者を逮捕できる重大犯罪であり，殺人や強盗，強姦等がCognizable犯罪と位置づけられている。Cognizable犯罪に関しては，First Information Report（FIR，被害申告書）が管轄警察署に対して登録されることになり，そこに被疑者，被疑事実の概要，罪名が明記される。これに対し，非Cognizable犯罪は，治安判事（Magistrate）から令状を取得することなしには警察が被疑者を逮捕することができない比較的軽微な犯罪類型である。非Cognizable犯罪においては，捜査の開始に際してFIRの登録は義務ではなく，被害者等による被害届（Complaint）が提出される。

　FIRの登録後，警察の捜査義務が発生するが，警察が捜査を進めるだけの十分な根拠がないと考える場合，その理由を記録しその旨を情報提供者・申立人に通知して，捜査をしない裁量を持っている。また，治安判事は，警察の捜査を停止又は取りやめる権限も持っている。なお，非Cognizable犯罪については，警察の捜査は治安判事から同意を得ない限り開始されないが，事案によってはFIRが登録され，強制捜査の対象になることもある。

　Cognizable犯罪において嫌疑が認められる場合，警察はFIR登録後，被疑者を令状なしに逮捕することができる。もっとも，無令状の逮捕は24時間以内に限定されており，被疑者は逮捕から24時間以内に治安判事の面前に連行され，告知聴聞の機会が与えられる。

　保釈の可能性についても，犯罪が権利的保釈犯罪と裁量的保釈犯罪の2つに類型化されている。裁量的保釈犯罪に関しては，治安判事が保釈決定の裁量を有する。また治安判事は，案件の事実及び状況により当該事件をさらに捜査するために被疑者の勾留が必要だと考える場合，最大90日まで被疑者の勾留を延長することができる。一方で，権利的保釈犯罪に関しては警察にも保釈の権限がある。

　捜査終了後，警察は管轄のある治安判事に対し，所定の方法で調査報告書を

提出する。事件が起訴される場合，被疑事実に関する書類（charge sheet：起訴状に相当）が裁判所に提出される。

7 不動産

(1) 適用法令

インド憲法の別紙においては，①連邦政府の管轄事項，②州政府の管轄事項，③連邦政府と州政府の共同管轄事項がそれぞれ個別に列挙されており，当該管轄に基づいて個別法令の制定権限が各政府に分配されている。不動産に関しては，土地に関する権利，賃貸人と賃借人の関係，賃料の徴収等は②州政府の管轄事項とされており，また，農地以外の不動産の譲渡や証書の登録は③共同管轄事項とされている。

これは，不動産取引に適用される各種ルールが州ごとにそれぞれ異なる可能性があることを意味する。加えて，実務上は，各州の不動産に関するルールの違いを背景に，物理的に州境を跨ぐ大規模不動産開発プロジェクトの実行が難しいことも示唆する。

以下では，基本的に連邦法レベルの法制をとりあげる。個別案件の実行に際しては，州法の専門家から慎重に助言を受ける必要がある。

不動産取引に関連する主な連邦法には，以下のものがある。

- 1882年財産譲渡法（Transfer of Property Act, 1882）：当事者の行為による不動産の移転について定める
- 1882年地役権法（Indian Easements Act, 1882）：当事者の地役権（通行権等）について定める
- 1908年登録法（Registration Act, 1908）：不動産に係る権利の移転に関する文書について定める
- 1899年印紙法（Indian Stamp Act, 1899）：不動産の権利移転に関する文書を含む法定文書に対し課税される印紙税について定める

(2) 不動産に関する基本的な権利内容

インドでは，私人による土地及び建物の所有は認められている。また，土地

とその土地上の建物は別の不動産である[29]。所有権は，私人により自由に第三者に譲渡することができる。使用権（Leasehold や License）や担保権（各種 Mortgage 等）の設定も認められている。

(ア)　所 有 権

　不動産の所有権の移転は，1882 年財産譲渡法に基づいて行われる。

　同法により不動産が譲渡される場合，原則として，当該譲渡が不動産及びその法的権利（土地の場合は，地役権，当該承継後に発生する賃料や利益，その他土地に付着する全てのもの）において承継可能な全ての利益も移転する。

　一方，日本法における集合住宅の一区画に関する権利（区分所有権）に相当する概念も存在する[30]。

(イ)　使 用 権

　不動産のリース権（Leasehold）は，1882 年財産譲渡法に基づく。リース期間が 1 年以上の場合，当該リースは，登録証書によりなされなければならない[31]。

　一方，不動産のライセンス（License）は，1882 年地役権法に基づく。ライセンスとは，当該権利がなければ違法とされる不動産に関する使用等に関する許諾をさす。

　これらは，不動産を使用する権利という限りでは共通するが，前者は不動産に関する一定の利益の移転であり，譲渡・相続が可能とされ，妨害排除請求権等が認められた（使用者にとって）強い権利であるのに対し，後者は不動産の占有，使用又は収益にかかる許可に過ぎず，（使用者にとって）弱い権利である。

(ウ)　担 保 権

　不動産に設定可能な担保権としては，1882 年財産譲渡法に基づく抵当権

---

29)　1882 年財産譲渡法上では，不動産の定義としては，立木（timber），作物（growing crops）及び草木（grass）は含まれない，という消極的なものが存在するのみである。
30)　一例として，Maharashtra Condominium Act, 1970。
31)　1 年より短い場合には，登録証書によることも，口頭の合意及び引き渡しによることも可能である。

（Mortgage）がある。

　その他にも各種の担保権が存在しており，例えば，不動産の権利証（title deed）原本を銀行側が保管するという譲渡担保権（equitable mortgage）の形式が認められる[32]。

　インドの法人の資産に設定された各種担保権については，チャージ（Charge）として会社登記局を通じて公示することが求められており，これを欠く担保権者は第三者に対抗できない。

(3)　不動産に関する権利の登録

(ア)　法的枠組み

　不動産に関する権利の登録は，1908年登録法において定められている。

　同法によれば，所有権の移転や一定のリースについては，個別取引の証書の登録が必要とされる。登録の時期は，当該証書の調印から4か月以内である。当該登録義務を怠る場合，不動産に関する当該取引の法的効果が発生せず，また，当該証書は裁判において原則として証拠能力が否定される。したがって，登録が必要な場合，登録は当該取引による物権変動の効力発生要件であると理解される。

　ここで留意すべきは，同法に基づく登録対象は，あくまで個別の取引に関する登録証書に過ぎない点である。日本の登記制度のように，特定の区画をベースに過去の一連の権利関係を統一の書式で明示した登記文書（すなわち，当該文書さえみれば不動産にかかる権利内容を確からしく確認できる1つの文書）を当局から取得することはできない。また，多くの地域において当該登録書類はオンライン化されておらず，当該記録にアクセスするには管轄の登録局に出向く必要があり，アクセスは容易ではない。

　上記登録については登録税が必要となる。これに加え，不動産にかかる権利証書については，1899年印紙法及び各州の法令に基づいて，所定の印紙税の納付が必要である。

---

32)　担保権設定時に必要な印紙税を節約できるという実務上のメリットがある。

⑴　登録内容の確認の実務

　前記㋐のとおり，インドにおいても不動産の権利に関する一定の登録制度は存在するものの，日本の登記簿謄本に相当するものの取得ができないため，権原確認には特別な調査（Title Due Diligence）が必要であり，実務上は，以下の点に留意が必要である。

　第1に，不動産に関する権利証書は英語ではなく現地語で記載されている場合が多く，外国人には確認が容易でない（インド人弁護士でも当該現地語に通じているわけではないため，実際上は，対象となる不動産の所在する州の弁護士に書類のチェックを委託する必要がある）。第2に，当該文書を記録する役所においても，文書の管理状況は著しく悪く，また電子化もされていないため，該当する文書を探すこと自体にも非常に手間がかかる。第3に，前記㋐のとおり，登録内容の性質上，1件の登録ではある個別取引の完了しか確認できないため，該当する不動産が譲渡・相続等の対象となっている場合，過去長い期間，遡ってチェックが必要となる。なお，インドの関連法制も考慮のうえ，一般的には，不動産の取得に先立ち，過去30年分[33]の登録をチェックすることが適切と考えられている。

　なお，前記㋐のような不動産の登録制度はインドだけではなく，例えば米国も類似する法制度ではあるものの，米国ではタイトル保険（Title Insurance）という，不動産取引に伴う対象不動産の権利の瑕疵が事後発覚した場合の損害をカバーする保険商品が充実している。一方，インドには，現時点では類似する保険制度はまだ存在しないと理解されている。

---

[33]　30年の根拠には諸説あるようである。

　　証拠法では，30年以上前に作成された文書に関して，作成の真正性の立証が困難であることを考慮し，裁判所の裁量により形式的証拠力の立証責任を緩和している（なお，文書の内容の真正（実質的証拠力）を保証するものではない）。

　　時効法では，被担保債権の弁済期の到来から30年以内に担保権を実行しなければ提訴時効にかかることを定めている（なお，インド法上，提訴時効は訴訟手続法上の規定であり，権利関係の消滅に関するものではない）。ただし，時効の起算点は担保権設定時からではなく，権利実行が可能となる弁済期到来時からとされている（例えば担保権の設定は30年前であるが，被担保債権の弁済期がその10年後の場合，提訴時効にはかからないと理解される）。

(4) 不動産に関連するその他の法制度

(ア) 工場建設を行う場合

前記(2)及び(3)の個別の権利及びその登録以外にも，例えば工場建設を行う場合には，ゾーニング規制，環境規制，工場法に基づく工場操業ライセンス規制等も適用される。特に実務上は，これらの実体的及び手続的な要件の確認に加え，どのようなスケジュール・順序で手続を進めるべきか，事前に確認をしておくことが肝要である。

(イ) 土地使用目的の変更

土地については使用目的が定められており，特に農地とされている土地（その中でも耕作に適する度合いで細分類がされていることもある）を商業用又は工業用の目的で使用したい場合，州政府の事前許可を得て，土地使用目的の変更手続が必要になることもある。

(5) 州開発公社が運営する工業団地

近時は，日系投資家を含む民間投資による工業団地開発・運営の実例も増えてきているが，インドでは，各州政府の開発公社が開発・運営する工業団地が多く存在している。実務上多くは，区画利用者に対して，所有権譲渡ではなく長期リース（例えば99年間）を前提とした分譲が行われている。当該リースの第三者へのサブリースについては，開発公社の事前承認が必要とされることが多い。

一般論としては，工業団地の区画は，一般私人から土地を取得するよりも不動産にかかる権利に疑義がない蓋然性が高いと考えられ，外国投資家にとっても望ましい取得方法であると考えられる。一方で，リース契約については，基本的に開発公社の持つひな形どおりの締結を求められることが多いため，借主側に不利であっても一定のリスクを甘受せざるを得ない場面がある。

(6)　不動産関連法制度の動向

(ア)　2013 年土地収用法

　1894 年以降適用されていた非常に古い旧土地収用法を全面改正する形で，土地収用と生活再建及び再定住における公正な補償と手続の透明性に関する法律（The Right to Fair Compensation and Transparency in Land Acquisition, Rehabilitation and Resettlement Act, 2013）が成立し，2014 年 1 月施行されている。以下が主な改正点である。

　第 1 に，2013 年法では，公共性の高いプロジェクトを実行する民間企業向けの転貸や売却を前提に政府機関が土地収用をする場合には土地関係者の最低 80%，官民パートナーシップ（PPP）向けには，同最低 70% の合意を得ることが条件となった。旧法では，Public Purpose のために土地収用を行うことができるとされており，例えば雇用創出やインフラ整備等につながれば Public Purpose に該当すると考えられていた。これに対し，民間企業による事業を目的とした収用では Public Purpose といえるか曖昧であるという問題点があった。

　第 2 に，収用に関わる対価の支払に関しては，旧法では市場価格と同額の支払が求められていた。しかし，2013 年法では，農村地域では市場価格の 4 倍，都市部では市場価格の 2 倍の支払が求められることになった。また，旧法では慰謝料は市場価格の 30% とされていたが，2013 年法では補償金として支払った金額と同額を慰謝料として支払うことが義務化された。

　これらの改正により，2013 年法に基づいて収用がされた土地については，事後旧所有者らが土地代金の追加支払を求める抗議活動に外国投資家が巻き込まれるようなリスクは低減されると考えられる。一方で，被収用者の権利保障もされたことから，実際上，収用プロセスが長期化しないかも懸念される等様々な議論もあり，法令施行後も大統領令により適用除外が暫定的に行われる等の措置がとられていたが，近年，連邦政府は，各州政府の判断に任せ，州単位にて本法令を反映した立法が実施されている状況にある。

㈎　不動産投資信託（リート）

　インド証券取引委員会（SEBI）が2014年8月に公布したガイドラインに基づいて，インドにおいて不動産投資信託（リート）制度が導入されている。当該ガイドラインに基づいて，リートに関してSEBIへの登録が義務づけられるとともに，特にスポンサー，マネジャー，受託者の権利義務が定められている。

　当該ガイドラインの下で，2019年3月にリートの第1号案件が組成され，証券取引所に上場された。この第1号リートにおいては予定投資口の2倍の応募があり，インド国内のリートに対する関心の高さが窺える。また，2018年には，外国投資家によるインドリートへの投資が，SEBIにより許可された案件もあり，インド不動産市場は今後より活性化するものと思われる。

㈏　不動産開発業者の規制

　2016年5月1日，不動産取引における消費者保護，不動産開発プロジェクトの実効性及び透明性確保を図るため，不動産開発業者及び仲介業者を規制する2016年不動産（規制及び開発）法（The Real Estate（Regulation and Development）Act, 2016）が施行されている。

　その規制の一例として，不動産プロジェクトの登録の義務化が挙げられる。登録を義務化することにより，当局からの監視が強化された他，登録情報はウェブ上にて閲覧に供されており，消費者と開発業者との情報の不平等性の解消が図られている。また，不動産購入者から受領した資金の70%について，別口座管理が義務づけられると同時に，その資金の用途に制限が加えられた。この規制により，不動産業者の自転車操業的な資金流用により，消費者の利益が害されることを防止することが期待されている。さらに，不動産の開発計画の変更には，不動産購入者の3分の2の書面による事前の同意が必要とされ，より消費者の不動産への期待についても保護されることとなっている。このほか，担保責任期間が物件引渡し後5年と定められ，タイトル保険取得の義務化などの規制も定められている。

　ただ，これらの規制強化により，不動産業者の資金繰りや，柔軟な計画変更が害され，短期的には，不動産業界全体の景気に悪影響を与えないか，懸念する声もある。また，これらの規制の施行及び執行状況は，州によって異なって

おり，全国統一的な規制とはなっていないとの課題も存在する。

(7)　不動産に関する外資規制

㋐　外国の個人・法人

　外国為替管理法に基づく規則によれば，外国の個人・法人は，原則としてインドの不動産を取得することは認められていない（RBI が規則で定めたものを除く）。例えば，外国の個人がインドのコンドミニアムの一室を購入することは認められない。

　一方，外国法人のインドでの支店やプロジェクトオフィスは，その事業に必要な範囲で取得が認められている。

㋑　インドにおける外国投資法人

　外国投資家によりインドにて設立された法人（外国投資法人）の事業内容は，外国直接投資規制を遵守する必要がある。それによれば，外国投資法人は，（出資割合を問わず）不動産事業を行うことが禁止されている。不動産事業とは，営利目的又は収益目的で土地又は不動産の取引を行うことを意味する（後記の建設開発の場合を除く）。

　したがって，外国投資法人が投資目的でインドの不動産を購入し，値上がりを待ってそれを売却するという事業を行うことはできないが，他方，外国投資法人の事業が不動産事業を含まなければ（例えば単純な製造業であれば），その自己の事業のため，当該外国投資法人が不動産を取得すること（例えば製造工場建設のために土地を取得すること）は認められる。また，不動産譲渡を伴わない，外国投資法人が所有する不動産を第三者にリースし，そのリース料を受け取るという事業は，不動産事業の定義から除かれている。

　一方，以下の所定の要件を満たす建設開発（Construction Development）は，自動承認ルートにて 100％ まで外国直接投資が許容されている。なお，この各要件は，近年順次緩和されてきている。

　　①　建設開発の対象は，タウンシップの開発，住宅・商業用建物，道路・橋梁，ホ

テル，リゾート，病院，教育機関，レクレーション施設，都市及び地域レベル
のインフラ，タウンシップの建設を含む。
② 外国投資家は，原則として，プロジェクトの完了時点又は基幹インフラ（道路，
水の供給，街灯，下水）の整備完了後にエグジットすることができる。ただし，
各投資完了後 3 年の経過によりエグジットすることも可能であるし，また，
別の外国投資家に持分を売却する場合は当該 3 年の期間制限も適用されない
（ただし，当該期間制限は，ホテル，観光施設，病院，SEZ，教育機関，老人
ホーム及びインド人非居住者（NRI）による投資には適用されない）。
③ 外国投資を受けたインド法人は，開発済みの区画のみ販売することができる。
ここでいう「開発済み区画」とは，基幹インフラ（道路，水の供給，街灯，下
水）の整備が行われた区画を意味する。

完成後プロジェクトに関して，市街地，商業施設，ビジネスセンターの運営
管理（Operation and Management）を行う法人についても，自動承認ルートにて
100％ まで外国直接投資が許容されている。

工業団地についても，所定の条件下で自動承認ルートにより 100％ まで外
国直接投資が認められている。工業団地とは，最低 10 のユニットで構成され
ており，1 つのユニットが割当地の 50％ 超を占めてしまうことがないこと，
及び産業活動に割り当てられる土地が全体の割当地の 66％ を下回らないこと
が要件とされているが，これに該当する場合は上記建設開発の要件を満たす必
要はない点がメリットである。

(8) 不動産開発の実務

(ア) 持株会社スキームと O&M 契約

実務上の不動産投資スキームの例としては，プロジェクトごとの土地を 1
つのプロジェクト会社（SPV）に取得・保有させることで，SPV 単位でプロジ
ェクトごとの権利・収支を管理しつつ，（当該 SPV 持分を投資家が直接保有するの
ではなく，）複数の SPV の持分を 1 つの持株会社に保有させ，かつ当該中間持
株会社が各 SPV に Operation and Management サービスを提供させるスキーム
がとられることもある。

㈐　所有者との共同開発契約

　土地所有者が土地の有効活用を望むものの土地所有権は手元に残したいと希望する場合，当該土地所有者と開発者が共同となって不動産開発を行う形として，共同開発契約（Joint Development Agreement）が締結されることがある。

　その契約内容は，土地の権利自体は所有者に留保しつつ，所有者が土地上の建物の開発権（development right）を開発者に付与し，開発者は，約定に従って当該土地上にコンドミニアムや商業ビル等の建物を建設することを約定するというものである。合わせて，開発された建物の持分や収益の分配・帰属についても，土地所有者及び不動産開発者の間で約定されることになる。

㈑　インフラ開発案件

　政府（連邦政府又は州政府の管轄官庁）がインフラ（空港，港湾，道路等）開発案件を発注する場合，まずは入札手続等により開発者を選定し，その後州政府と開発者との間でコンセッション契約を締結する。

①　インフラ部門の外資規制

　前記(7)㈐の建設開発（道路・橋梁や病院，レクレーション施設を含む）や工業団地開発が一定の条件のもと 100％ 自動承認ルートにて外国直接投資が認められていることに加え，以下のセクターにおいても外国直接投資が認められている。

- 空港事業：原則 100％ 自動承認ルート
- 鉄道事業：PPP による郊外コリドープロジェクトや高速鉄道プロジェクト，鉄道車両（編成車両及び機関車／客車製造・保守施設を含む），鉄道の電化，信号システム，ターミナル等の建設，運営及び保守，線路／側線に関する工業団地のインフラ，大量高速輸送システムは，100％ 自動承認ルート
- 電力取引所：49％ まで自動承認ルート

②　入札への参加

　インドにおける入札手続は，インフラ開発に関する法令や判例に基づいて，

運用されている。一般的な入札手続の流れは，以下のとおりである。

- 入札プロセスの決定
- 入札要請の作成
- 入札募集・公告
- 入札希望者の書類提出
- 提出書類の評価及び選定
- 選定された当事者への通知
- 関連契約の交渉及び調印

　いわゆるスイスチャレンジ方式がとられることもある。これは，まず特定者に開発提案（一次提案）をさせた後，一次提案を上回る条件を出すことを前提に競争入札を行い，仮にそのような提案（二次提案）が競争入札により出された場合，最初の提案者に，二次提案に匹敵するような再提案をする機会を認める方式である。

　なお，場合により複数の当事者でコンソーシアムを組んで入札に参加することもある。その場合，各当事者の役割や権利義務，費用負担等をコンソーシアム契約にて合意しておくことが肝要である。

③　コンセッション契約

　当該契約においては，当該インフラ開発に関する各種責任やリスクの負担，及び生じる利益の分配等について合意し，それを条件として，政府が開発者に対してインフラ開発に関する特別な権利を付与することになる。なお，政府側がコンセッション契約のひな形を用意しており，基本的にはそれをベースに条件が調整される。

④　既存案件への追加参入

　前記(7)(イ)のとおり，特に建設開発の要件を満たすプロジェクトの場合，外国投資家のエグジットが近年かなり容易になったことも踏まえ，今後は，新設プロジェクト（Greenfield）だけでなく，既存プロジェクト（Brownfield）への投資の機会も検討に値すると考えられる。既存プロジェクトの場合，既にプロジェクトが現実に動いており収益状況を確認することができるので，そもそもプロ

ジェクトが予想どおり動かないかもしれない，という大きな不確実性を避けることができるためである。

　もっとも，既存プロジェクトの場合，基本的には株主間契約等で既存投資家の間で作られた既存の枠組みに従う形になり，その個別の修正のための交渉は容易ではないことが多いので，そのような前提で，追加参入に伴い引き受けることになるリスクや負担を法務監査の過程で慎重に吟味すべきである。

8 資金調達・担保

　インドにおける日系企業による資金調達を考えた場合，大きく分けて新株発行によるエクイティによる調達及び借入による調達がある。新株発行については前記Ⅱ **4**(5)でも触れているため，ここでは日系企業にとって関わりの多い外国からの借入，すなわち対外商業借入（ECB：External Commercial Borrowings）について概説する。

　続いて資金調達に伴う，保証の提供や担保の設定についてインド法の規制状況を説明する。

⑴　借　入

㋐　概　要

　インド法人（日系企業の子会社としてのエンティティを含む）による外国からの借入れは，インド準備銀行（RBI）が定める対外商業借入（External Commercial Borrowings）規制（ECB 規制）に従って行われる必要がある。ECB 規制においては，2019 年 1 月 16 日付けで新たな枠組みが施行されており（ECB 規制は頻繁に変更されるため，実際に ECB を検討する際には RBI のウェブサイト https://rbi. org.in/ 等で最新の規制を確認されたい），ECB を利用できる場面が従前より拡大された。ECB は外貨建てとインドルピー建ての 2 種類に分類されている。

　ECB を利用できる業種は，外貨建てとインドルピー建ての分類を問わず，外国直接投資（Foreign Direct Investment）を受けることができる全ての業種・事業体である（ただし，RBI による 2019 年 5 月 29 日付けの FAQ により，有限責任事業組合は ECB を利用できない旨が明確化されている）。貸付人の資格も，従前は原則として一定の資本関係を有する者に限定されていたが，新たな枠組みの下では，FATF（金融活動作業部会）又は IOSCO（証券監督者国際機構）への加盟を通じてマネーロンダリングの防止等の措置が一定水準以上で確保されていると考えられる国（日本も含まれている）の居住者であれば，ECB の貸付を行うことが可能である。

　ECB 規制には最低平均借入期間が定められており，また，上限金利や，一

定の資金使途での借入（例えば，不動産事業，資本市場への投資等）は認められていない点に留意が必要である。なお，資金使途については，2019年7月30日付けでRBIにより追加の規制緩和が公表されている。

　上記の詳細は，以下の表のとおりである。

借入人	外国直接投資を受けることができる全ての業種
貸付人	FATF（金融活動作業部会）又はIOSCO（証券監督者国際機構）加盟国の居住者
平均借入期間	原則3年 ただし，製造業において5,000万ドル以下の金額の場合，1年 また，外国株主からの借入で，資金使途が①運転資金，②一般的な事業資金，③ルピー建ての借入の返済の場合には5年
上限金利	ベンチマークレート（※）＋450ベーシスポイント ※ ベンチマークレート 　　外貨建ての場合⇒6か月LIBOR又はその他6か月のインターバンクレート 　　インドルピー建ての場合⇒対応する期間のインド国債の金利
資金使途	以下の資金使途は認められない ・不動産事業 ・資本市場への投資（investment in capital market） ・エクイティ出資（equity investment） ・運転資金（外国株主からの借入及び平均借入期間10年の借入を除く） ・一般的な事業資金（外国株主からの借入及び平均借入期間10年の借入を除く） ・ルピー建ての借入の返済（a.外国株主からの借入，b.平均借入期間7年のインド国内における資本的支出に充当する借入，c.平均借入期間10年のインド国内における資本的支出への充当を目的としない借入及びd.一定の製造業又はインフラ分野にかかるインド国内の資本的支出に充当する借入を除く） ・上記を使途とする他のエンティティへの転貸

㈣　ECBに関する保証や担保

　インド法人がECBによる借入れを行うに際して，インドの銀行その他の金

融機関が保証や信用状を発行することは禁止されている。他方で，借入人の親会社が保証を提供したり，借入人が所有する動産，不動産及び預貯金に担保設定したり，借入人のプロモーターが所有する借入人の発行済株式に担保設定することは認められている。

もっとも，仮に不動産や借入人の発行済株式に担保設定する場合であっても，外国投資家が子会社等を通さずに直接不動産を保有することは禁止されており，借入人の業種によっては株式の取得に外資規制が適用される場合があるため，将来において担保権を実行する際の実効性を考慮したうえで選択する必要がある。

(ウ) デットエクイティスワップ

DES とは借入金等の負債と資本を交換する手法で，会計上は借入金を減らして資本の部を増やすことができる。

インドでも DES 自体は法律上可能ではあったものの，特に外国からの貸付に関しては ECB 等の限られた範囲でのみ認められており，且つ FDI 規制の対象となっていた。2014 年 9 月に RBI の通達により一部規制緩和がなされたものの，未だ業種別の上限がある点や株式発行価格の規制があり，使い勝手はあまり良くないと理解されている。

(2) 保 証

(ア) 概 要

保証契約は，口頭又は書面により締結され，保証人は，別段の合意がない限り，主債務者と同一の責任を負う。保証人の債務は連帯（co-extensive）とされており，原則として，債権者は，主債務者又は保証人のいずれからも債権を回収することができる。実務上，保証契約は，企業間の取引，とくに銀行取引において広く利用されている。

(イ) 担保権の随伴性

インド契約法により，保証義務を履行した保証人は債権者が有していた担保権を取得し，その実行をすることが可能である。

　もっとも，実務上，担保関連契約において債権者たる担保権者が弁済を受けた場合の代位の効果（assignment）を規定した抵当証書（mortgage deed）の締結を義務づけられている場合には当該証書の締結が必要になる可能性がある。

(3)　担　保

　1930 年物品販売法（Sales of Goods Act, 1930）上，売買代金の支払を全額受けていない動産の売主は，目的物の留置権（Lien）が認められており，具体的には代金完済時まで対象物の占有を保持すること，対象物の輸送を停止すること及び対象物を再販売することが認められている。

　このようないわゆる法定担保権に対して，約定担保権としては，以下のものが認められる。

㋐　質権（Pledge）

　質権とは，契約法上認められている担保権であり，質権設定者が，債務の支払又は約束の履行のために担保として物を質権者に寄託する担保権をいう（契約法 172 条）。質権者は，質権設定者が債務不履行に陥った場合，当該担保物を譲渡し換価する権限を有する。もっとも，設定者は，債務不履行となった後においても，質権者が当該担保物を譲渡するまでの間，被担保債権を完済し質物の取戻しを請求することができる。

　質権の対象は動産であり，不動産に対して設定することはできない。質権が有効に成立するためには，債務者が所有権を保有したまま，現実の占有を質権者に移転させる必要がある。質権者は，当該担保物を善良な管理者（a person of prudent nature）として保管する義務がある。

㋑　譲渡担保（Hypothecation）

　譲渡担保は，債務者に現実の占有をとどめつつ，債務が弁済されるまでの間は所有権を債権者に帰属させ，債務不履行となった場合に債権者が担保目的物の占有を回復する担保権であり，動産及び不動産いずれにも設定することができる。

　動産譲渡担保については，2002 年金融資産証券化・復興及び担保執行法

（Securitisation and Reconstruction of Financial Assets and Enforcement of Security Inter-est Act, 2002）に定義されている。Hypothecation は，質権とは異なり対象資産を借入人が占有することができるため，動産担保において最も一般的に利用されている。ただし，在庫などの集合動産については浮動担保（floating charge）が，航空機及び船舶については抵当権（mortgage）が利用される。

　なお，インドの金融機関が動産譲渡担保付債権を有する場合，仲裁廷や裁判所を通じた通常の手続とは別に，これらの手続によらずして，直接動産を差し押さえることが可能である。これは，2002 年金融資産証券化・復興及び担保執行法に基づく手続である。具体的には，担保付借入債務の支払不履行が生じた場合，担保権者は借入人に通知を送付して，通知の日から 60 日以内に債務を完済することを要求することができ，これが行われない場合，担保資産の占有の取得その他の措置（借入人の事業経営権の取得，担保権者が取得した担保資産の管理人の選任等）が担保権者に認められている。

㈦　抵当権（Mortgage）

　インドにおいて不動産に対して担保権を設定する場合，1882 年財産譲渡法（Transfer of Property Act, 1882）に基づく抵当権が最も多く利用されている。抵当権は，同法上，

- 単純抵当権（simple mortgage）
- 条件付売買による抵当権（mortgage by conditional sale）
- 使用収益抵当権（usufructuary mortgage）
- 英国式抵当権（English mortgage）
- 権利証預託式抵当権（mortgage by deposit of title deeds）
- 変則型抵当権（anomalous mortgage）

の 6 種類が規定されている。実務上，そのうち英国式抵当権又は権利証預託式抵当権が広く利用されている。

　財産譲渡法に基づく抵当権の目的物は不動産に限られ，動産又は債権を対象とすることはできない。被担保債権は金銭債権に限られるが，現在の債権に限らず，将来の債権についても抵当権を設定することができる。

　抵当権の実行手続は，財産譲渡法に従い，抵当権者が裁判所に抵当権実行の

申立てを行い，抵当権実行の命令を得たうえで，民事訴訟法の強制執行手続に
従って，抵当目的物の差押え・売却が実行される。

9 税 務

　インドの税務は非常に複雑で，その全体像を理解するには困難を極める。以下は，特に法務との関係で問題になる主要論点，特に税務訴訟の論点説明に留める。

　インドは訴訟社会であり，民間のビジネスにおいても，取引紛争が訴訟等紛争に至ることは多いが，インドにおける最大の訴訟当事者は，実は政府（連邦及び州政府）である。特に，インドの税制は日本や諸外国と比較して圧倒的に複雑であることに加え，税務当局の執行は，全国民の約1%しか納税していないといった徴税率の低さ等を背景に，特に外資系企業に対しては極めてアグレッシブで時に恣意的である。その結果，税務調査が税務紛争に移行する頻度は非常に高い。

　インド政府の統計（Economic Survey 2017-2018）によれば，直接税について専属管轄を有する準司法機関（審判廷）であるITAT（Income Tax Appellate Tribunal）以上の審級（さらに高等裁判所と最高裁を加えた審級）に係属する直接税訴訟は約13万件，間接税について専属管轄を有する審判廷であるCESTAT（Customs Excise and Service Tax Appellate Tribunal）以上の審級に係属する間接税訴訟は約10万件である。日本で平成29年度に係属した税務訴訟が約200件であること（国税庁調べ）と比較すると，人口規模の差等を加味しても，これは桁違いに膨大な数である。

　また，同統計によれば，インドの税務当局の勝訴率は，直接税・間接税訴訟双方について平均30%以下であり，この数字は不合理又は恣意的な課税がなされていることの証左である（日本は80〜85%前後）。したがって，不当な課税に対しては，日系企業も訴訟で争うことも厭わない又は積極的に争う姿勢が必要となるが，バックログに埋もれた裁判所を通じた解決には，最低でも10年越しとなることを覚悟しなくてはならない。この間，弁護士費用などの訴訟遂行コストや，数代にわたる駐在者の引き継ぎや事案管理の社内管理コストも，当然嵩むことになる。

　また，日本においては，納税者が訴訟を辞さないとの判断をする場合には，

課税処分に不服を示したうえで仮に当局に税を納付し，最終的に納税者が勝訴した場合は当該納付金の返還を（所定の利息付で）受けることにより，訴訟手続の間に延滞税（interest）が累積するリスクをヘッジできる。これは一般に，不服付仮納付と呼ばれるが，インドにおいては，当局が，最終勝訴した納税者に対しても，一旦懐に入った仮納付金の返還を様々な理由を付けて拒む傾向にあるのが実態である。これにより，不当課税に対して訴訟に臨まざるを得ない企業にとっては，手続が極めて長期と見込まれるにもかかわらず，その間，15〜18％ など非常に高い利率となる延滞税の累積リスクへの対処法が限られるという問題もある。

(1)　直接税

(ア)　所得税

①　法人所得税

2017 年度におけるインドの法人所得税の基本税率は，内国法人において30％，外国法人において 40％ である（これにサーチャージ及び教育目的税が上乗せされる）。

また，会計上の利益の 18.5％ が法人税額（控除などを含めた税法上の算出額）を上回る場合，最低代替税（MAT）を支払う必要がある。MAT は将来発生する法人所得税と相殺することができ，15 年間繰越が可能である。

②　個人所得税

2017 年度におけるインドの個人所得税は累進課税（0％ から30％）が採用されており，これに教育目的税（3％）が付加される。また，高額所得者に対しては，5,000,001〜1,000 万ルピーまでの所得について 10％ のサーチャージ，1,000 万ルピー超の所得について 15％ のサーチャージが追加的に課せられる。

納税義務の有無と課税所得の範囲は，居住性に応じて異なる。まず，居住者と非居住者の区分がなされ，居住者はさらに，通常居住者と非通常居住者に区分され，これは主に，インドにおける滞在日数で区分される。

通常居住者の場合，全世界所得が課税対象となる。例えば，インドに居住する日本の駐在員が，日本で持ち家を賃貸していた場合の家賃収入なども課税対象となる。他方，非居住者の場合，原則として，インドで発生・受領した所得

につき課税対象となる。非通常居住者の課税対象はいわば中間的であり，インドで発生・受領した所得に加え，インドでコントロールされた事業に関して，インド外で発生・受領した所得について課税対象となる。

(イ) 間接譲渡課税

インド非居住者の売主がインド国外の持株法人を通じてインドに実体的な資産を有する対象会社を保有しており，買主が当該対象会社の株式を直接買うのではなく，持株法人の株式を買主が購入する（間接的にインドの対象会社を買収する）際に問題になる。仮にこの事案にもインドの税法が適用されるとすると，非居住者の売主の手元で生じるキャピタルゲインに関して課税がなされ，買主側が源泉徴収義務を負わなければならない。すなわち，買収対価から源泉徴収分を控除し，当該部分をインド税務当局に買主が納税する必要がある。

2012年のインドの最高裁判所による著名な納税者側勝訴（すなわち，インドの課税権の適用なし）という判決[34]後，上記のような間接譲渡にもインドの課税権が及ぼせるよう，インドの税法自体に明記された条文解釈を変更する形で，実質的には遡及的（過去になされた取引にも遡って新しい規制が適用される）法改正がなされた。具体的には，外国法人の株式譲渡であっても，インドに所在する資産から「実質的に（substantially）」当該外国法人の株式価値が由来している場合も課税対象となった。

その後の法改正で，間接譲渡課税の適用範囲自体にさらに明確化が図られ，「実質的に（substantially）」といえるためには，外国法人の連結株式価値の50％以上がインドの資産価値から成り，かつインドに所在する資産の価値が1億ルピーを上回るなどの条件に合致する場合という定めが置かれている。

(2) 間 接 税

(ア) GST

2017年7月1日，インド政府は，多くの間接税を統合し，統一的な間接税

---

34) Vodafone International Holdings B. V. v. Union of India & Anr. in the Supreme Court of India, Civil Appellate Jurisdiction, Civil Appeal No. of 2012 (arising out of S. L. P. (C) No. 26529 of 2010).

制度である物品サービス税（GST：Goods and Service Tax）を導入した。これにより，州によって異なっていた税率の多くが統合されるとともに，州をまたぐ取引に生じていた間接税の累積課税（商品代金に転嫁されてしまっていた）の問題も解消された。

(イ)　印　紙　税

　前記のとおり，インドにおいては，契約書，株券，登録証書等，多くの書面に印紙税の納付が必要とされている。これらには，州ごとに異なる税率や納付方法が適用されるため，都度詳細を確認する必要がある。

(ウ)　輸　入　関　税

　他の種類の税と同様，輸入関税に関しても，免税となる品目分類や関税評価についてトラブルが少なくない。関税については，通商問題として政府間協議に持ち込むことも検討し得る。以下，インドにおける税務紛争のプロセスの参考として，インド税務当局による処分を不服として，訴訟手続で争う場合の流れを概説する。

①　行政不服審査

　インド関税法により，Central Board of Excise and Customs（CBEC）傘下の関税当局に所属する司法公務員（Adjudicating Officer）が課税処分に対する不服審理を担当する。これらはCBECという政府機関に所属する行政官であり，関税当局の内規により，準司法機関として独立した判断を下すことが義務づけられている。また，告知聴聞の機会を与え防御の機会を与える等，適正手続に従って手続を行うことも法令上の要請となっている。

　もっとも，実際上は，この段階では納税者側が敗訴するケースの割合が高い。

②　司　法　審　査

　上記の判断については，Customs Excise and Service Tax Appellate Tribunal（通称「CESTAT」）と呼ばれる審判廷に対して不服申立てをすることが認められている。

　CESTATの裁判官は，①技術メンバーと②司法メンバーの双方によって構成される。①技術メンバーは税関職員を含む税務行政官として一定の経験・年次

を経た者が選任され，他方，②司法メンバーは通常裁判所の裁判官，弁護士等，裁判実務に経験がある者が選任される。案件の係争金額に応じて，CESTAT は単独，又は，2 人のメンバーによる合議体により審理を行う。

　インド人弁護士実務家の間では，CESTAT の判断は一般的には，①に比べより公平かつ合理的であると理解されている。また，CESTAT の判決にはコモンローの原則が妥当しており，先例に則った判断が下される。

③　上　訴　審

　第 2 審の CESTAT による判断に不服がある場合，高等裁判所又は最高裁判所に上告することが可能である。

　これらは，法律審となるため，事実に基づく主張をすることはできず，法令解釈など法律に基づく主張をすることになる。また，最高裁では上告受理制度が採られていることから，まずは申立て書類を提出し，それが最高裁の審理対象として受理されるかどうかが，入り口における判断の分かれ目となる。

(3)　二カ国間租税条約

㋐　日　本

　日印租税条約は，日印間の二重課税の排除に関する取決めをしている。具体的には，源泉課税率は，配当額につき 10%，利子の額につき 10%，使用料及び技術上の役務に対する料金につき 10% をそれぞれ超えないものと定めている。例えば，インド企業が日本の企業から技術上の役務の提供を受けて，インド企業がその対価の支払に当たり 10% の源泉課税率によりインドで税金を納めた場合には，当該支払額を受領した日本企業においては，インドでの納税証明を提出することにより，既にインドで納税した額と同額が税額から控除される。

㋑　シンガポール

　従前，シンガポール法人がインド法人の株式を保有する場合には，シンガポールでは（通常収益として法人税が課税される場合を除き）キャピタルゲインは非課税であり，さらに，改正前のインド・シンガポール租税条約においては，シンガポール法人の主たる目的が租税回避でないこと等の要件を満たせば源泉地

国課税が排除されていたため，インドでのキャピタルゲイン課税も発生しなかった。

　もっとも，同じくキャピタルゲイン等を非課税とし，長らくインド投資の租税回避地として用いられてきたモーリシャスとの二国間租税条約が改正されたことを受けて，2017 年 4 月 1 日付けで改正インド・シンガポール租税条約が施行された結果，以下の点が修正されている。これにより，シンガポールを経由して投資する税務上のメリットは少なくなったといえる。

> ・　2017 年 4 月 1 日以降，2019 年 3 月 31 日までの間に取得されたインド法人の株式譲渡に際し生じたキャピタルゲインに対しては，一定の条件 35) を満たす場合，インド国内の税率の 50% を適用する。
> ・　2019 年 4 月 1 日以降に取得されたインド法人の株式譲渡に際し生じたキャピタルゲインに対しては，インド国内の税率を（そのまま）適用する。
> ・　2017 年 3 月 31 日までに取得されたインド法人の株式譲渡に際し生じたキャピタルゲインに対しては，一定の条件 36) を満たす場合には，課税しない。

(4)　非居住者に対する課税リスク

㋐　Association of Person（AOP）

　インド所得税法上，人（person）の定義上，「人の集団（association of persons）……は，当該者が収益や利益を発生させる目的を持って形成・設立されているかを問わず，『人』とみなされる」と定められていることから，合弁会社形態を取らない外国企業の関与する共同事業（いわゆるコンソーシアム等）において，当該規定が適用され，当該外国企業の所得にも課税がされるのではないかがしばしば問題となる。

　仮に AOP があると認定された場合，AOP の所得に外国法人に対する税率（約 40%）が適用されて課税されることになる。

---

35)　株式譲渡人であるシンガポール法人が，譲渡前 12 か月間において，シンガポールで 20 万シンガポールドル，又は，インドで 500 万ルピーを超える支出をしていることが必要とされている。

36)　株式譲渡人であるシンガポール法人が，譲渡前 24 か月の各 12 か月間において，シンガポールで 20 万シンガポールドル，又は，インドで 500 万ルピーを超える支出をしていることが必要とされている。

　AOP については判例の積み重ねがあるが，必ずしもその外延が明確ではないため，個別事案ごとに税法専門家の意見を得て検討する必要がある。

(イ)　Permanent Establishment（PE）

　インドにおいても，国際課税の原則に沿って，国内に恒久的施設（PE：Permanent Establishment）を設置している外国企業に対してのみインド課税当局が課税権を行使することになっている。そのうえで，日印租税条約により，恒久的施設とは，「事業を行う一定の場所であって企業がその事業の全部又は一部を行っている場所」をいうものと定義されている。

　仮に PE があると認定された場合，PE の所得に外国法人に対する税率（約40％）が適用されて課税されることになるが，この「PE の所得」の範囲が一義的には決まらないこともあり，予想外の追徴税額が課せられることもある。

　例えば，インドへの従業員の出向派遣に関しては，当該従業員がインド出向後も派遣元（日本親会社）のために活動していないかという出向者 PE や，子会社が親会社の契約獲得のために活動している場合に代理店 PE などが，個別の事実関係に照らして問題視される。

IV

撤　　退

1　インド法人の清算

　会社の清算は，2016 年破産倒産法による清算，会社法審判所（NCLT）による清算（winding up by the Tribunal），自主清算（voluntary winding up），会社登記局の会社登録簿からの社名削除のいずれかの方法をとることになる。本章では，破産倒産法による手続以外について概説する。

(1)　会社法審判所による清算

　MCA により，2016 年 12 月 15 日付けで NCLT による清算に該当する 2013 年会社法の規制が施行されている。同規制の施行により，従来，裁判所によるものであった清算は，NCLT が管轄する。同規制は，次の場合に，NCLT が主体となり清算を行うと定める。

- 会社が直前の 5 年間にわたって，財務諸表や申告書を会社登記局に提出していない場合
- 会社の構成員が特別決議を可決した場合
- 会社がインドの主権及び威信，安全性，外国への友好関係，社会秩序，礼節や道徳に違反した場合
- 会社運営を不正に行う，詐害・違法目的で会社が設立されている，又は会社設立や会社運営管理をする関係者が不正・失当，違法行為を犯した場合

(2)　自 主 清 算

　自主清算においては，清算手続は会社が進め，清算事務を担当する会社清算人は株主総会及び債権者集会において選任される。会社清算人の清算事務の終了後に最終株主総会が開催され，裁判所の選任する公共清算人（official liquidator）及び裁判所の審査を経て，その議事録が会社登記局に提出された時点で清算手続は結了することになる。

⑶　会社登記局の会社登録簿からの社名削除

　会社法の下，会社が設立後1年以内に事業活動を開始できない場合や，会社が直前の2年間に，ビジネス又は事業活動を行っていない場合には，会社登記局自ら，又は会社の申請により，当該社名を削除することができる。

⑷　清算手続上の留意点

　清算手続の開始のために，各省庁からの clearance を取得することまでは求められていないものの，財産等が換価され残余財産の分配が行われる段において，通常，他の債権者に優先して弁済がなされる税務当局等から "no due cer-tificate" や Confirmation を取得することが必要となる。実務上，これらの取得に数か月から半年以上を要することが多い。

2　駐在員事務所の閉鎖

⑴　手続の概要

　駐在員事務所を閉鎖する場合の手続及び時間には留意が必要である。具体的には，駐在員事務所の資産を新現地法人に移転する際のRBIの承認，その後の各債権債務（各種ベンダーとの取引に伴うものを含む）の整理，最後に税務当局への課税関係の整理に関する承認など，当局承認プロセスで実務上時間を要することになる。

　また，税務当局から未払の税金がないことの証明書を取得する必要もあり，そのためにも一定の期間を要する。

⑵　現地法人への切替えを伴う場合

　情報収集目的から実際の事業推進へ切り替える際，駐在員事務所を閉鎖して，現地法人を設立する場合も考えられる。この場合，駐在員事務所の代表者が新会社の取締役を兼任することは禁止されておらず，駐在員事務所の閉鎖を速やかに進める限りにおいて，駐在員事務所の代表者と新会社の取締役の兼任は実務上行われている。

　実務上は，①駐在員事務所としての活動を止め，②閉鎖手続に速やかに着手し，③駐在員事務所の代表（閉鎖手続の完了まで代表者の地位は外形上残ることになる）として閉鎖手続の実施と会社の取締役としての活動を，文書上峻別することが肝要である。

3 事業所閉鎖に伴う解雇

(1) 産業紛争法上の規制

　産業紛争法上，直近 12 か月の労働日平均で 100 名以上のワークマンを雇用する使用者が事業所を閉鎖する場合，事業閉鎖予定日の 90 日前までに，閉鎖の理由を明記した所定の申請書により，州政府に対する許可申請が必要とされている。

　もっとも，当該許可審査は，雇用政策という地域の政策的考慮も絡むため，実務上は当該許可を得るのは容易ではない。

(2) 実務上の対応

　前記(1)の法規制を踏まえ，実務上は，使用者側が任意に自主退職制度（Voluntary Resignation Scheme）を実施し，直近 12 か月の労働日平均で事業所のワークマンの数が 100 名未満になるように減らしてから，事業所の閉鎖が行われることが多い。

　自主退職制度実施による工場閉鎖の一例として，400 名を超えるワークマンに対し，勤続 1 年当たり 4 か月分の給与相当の退職金及び 10 万ルピーを支給し，退職後 2 年間の医療保険も付与したという事例もある。

4　清算以外の撤退方法

⑴　Fast Track Exit Scheme

　会社法上，清算以外の撤退の方法として，機能停止会社（Defunct Company）
の活用が考えられる。機能停止会社とは，資産及び債務が存在しない会社であ
り，かつ，①設立以来いかなる事業活動を開始していない会社，又は，②過去
1年間にわたって何らの事業活動を行っていない会社であると定義されている。
　Defunct Companyの定義に該当した場合，インド企業省の定めるガイドライ
ンに基づき，Fast Track Exit Scheme（FTE）を利用し，通常の清算手続よりも
迅速にエグジットを図ることが可能になる。

⑵　具体的な手続

㋐　具体的な要件

　Defunct Companyと認められるには，少なくとも過去3年分の監査済財務
諸表と直近の未監査の財務諸表に基づき，従業員への給与支払の他に，事業上
の収益及び事業上の経費等支出がなくなった時点を「オペレーションが停止し
た」起算点として1年間が経過していることが必要となる。

㋑　必要な決議

　当該「オペレーションが停止した」が確認されたら，取締役会は，会社のオ
ペレーションが停止し今後の事業継続が不可能であることを確認し，取締役会
に会社の閉鎖に関し必要な手段を講ずる権限の付与及びFTE申請を行う権限
を与える決議を行う。取締役会決議をうけて，その後株主総会でも同様の承認
決議を行う。
　実務上はこの株主総会決議が，上記1年の起算点の目印となる。

㋒　具体的な作業

　上記株主総会決議から1年間の間（FTE申立て前まで）に，資産及び負債を

ゼロとし，最終的には銀行口座を閉鎖する。具体的には，以下の手続を行う。

- 売却可能な資産については売却
- 債権等資産の記帳・償却
- 負債の記帳・償却，債権者からの同意取得
- 従業員の解雇と解雇一時金等の支払・精算
- その他全契約の解除
- 税務当局からの "No Due Certificate" の取得

　なお，以上の処理の過程において，負債の償却に必要最小限の範囲で株主が資本金を投入することは認められる。その出資行為や，上記資産売却，償却，負債返済行為は，「オペレーションの停止」に反するものとはみなされない。

5　倒 産 法 制

　インドの倒産法制として，2016 年破産倒産法（Insolvency and Bankruptcy Code, 2016）（以下「破産倒産法」という）が 2016 年に成立し，同年末に本格施行されており，破産倒産法が基本法令となる。以下では，従前の倒産法制との差異に触れながら，破産倒産法の施行状況，破産倒産法の手続について概説する。

(1)　破産倒産法前のインドの倒産法制

　破産倒産法が制定される前，インドにおいては日本の破産法に相当するような倒産基本法が立法されておらず，統一的な倒産法制が存在しなかった。財務状態の悪化した会社の再建については後述する 1985 年疾病産業会社（特別規定）法（The Sick Industrial Companies（Special Provisions）Act, 1985）（以下「SICA」という）が代表的な個別立法であり，会社の清算（Winding-Up）については会社法が規定を置いていた。その他にも，倒産関連の法令としては，金融機関が債権回復審判所（Debt Recovery Tribunal）に債務者の管理人（receiver）の選任を求めて債権回収を行う手続について規定している 1993 年銀行及び金融機関に関する債権回復法（The Recovery of Debts Due to Banks and Financial Institutions Act, 1993）や銀行又は金融機関等である担保付債権者が担保権を実行する場合の方法・手続について規定している 2002 年金融資産証券化・復興及び担保執行法（Securitisation and Reconstruction of Financial Assets and Enforcement of Security Interest Act, 2002）といった法令が存在していた。

　しかし，個々の法令に基づく手続は長期化等の理由で十分に機能しておらず，また，法制度相互の体系的整備がなされていないこともあり，複数の倒産手続が並行して係属することも少なくなかった。そのため，債務者にとっての債務の迅速な整理による事業価値の毀損の回避と債権者にとっての不良債権の早期回収といった倒産法制としての役割が果たされていなかったとの課題が指摘されていた。これは対外的なインドのビジネス環境という観点でも問題視されていたため，倒産基本法の立法の必要性が議論されてきたところ，ようやく制定されたのが破産倒産法である。

　なお，破産倒産法も，運用によって明らかとなった問題点を受けて既に数度
の改正が行われており，そのうち重要なものとして，2019 年 8 月 5 日に施行
され，同月 16 日に施行された 2019 年破産倒産改正法（Insolvency and Bank-
ruptcy Code（Amendment）Act, 2019）（以下「2019 年改正法」という）がある。

(2)　破産倒産法の施行状況

　破産倒産法案は 2016 年 5 月 11 日に国会を通過し，同月 28 日に大統領承認
を経て公布された。その後，2016 年 8 月に破産倒産委員会（Insolvency and
Bankruptcy Board of India）の設置等，制度の本格的な運用のために手続上必要
な条項が一部施行され，同委員会が同年 10 月 1 日に設置されて同年 12 月 1
日に破産倒産法の主要部分が施行されるに至った。これに伴い，SICA は同日
付けで失効し，また SICA を実質的に継承し施行が待たれていた 2013 年会社
法（Companies Act, 2013）の関連規定は同月 15 日付けで 2013 年会社法から削
除され，破産倒産法に一本化されることとなった。また，同日，2013 年会社
法上の強制清算に関する条項が一部修正されるとともに，破産倒産法における
清算手続に関する条項と合わせて施行されることとなり，関係法令との関係整
備も進展がみられた。

(3)　SICA との相違点

　同法制定前の代表的な個別立法である SICA は特定の業種の会社のみ（主と
して製造業）を対象とし，当該会社の純資産（net worth）の毀損を申立て要件と
して，政府機関である産業金融再生委員会（BIFR：Board for Industrial and Finan-
cial Reconstruction）の管理監督下における再生手続を定めていた。そこで，破
産倒産法の個別手続の概説に入る前に，SICA との相違点を概観しておくこと
が有益である。

㋐　SICA は，特定の業種の会社のみ（主として製造業）を対象としていた。こ
　　れに対して，破産倒産法は，業種を問わず（サービス業も含む）広く会社組
　　織に適用され，また，本書脱稿時点では未施行ながら今後パートナーシッ
　　プや個人に対しても適用される。

(イ)　SICA においては BIFR が，債務者の事業の再生のみを取扱い，会社の清
算については会社法に基づき高等裁判所に委ねられていた。これに対して，
破産倒産法は，統一的な倒産法制として制定されたことから，再建から清
算まで倒産手続を扱う専門機関として会社法審判所（NCLT：National Com-
pany Law Tribunal）を設け，より迅速かつ実効的な手続がとられることが
期待される。

(ウ)　SICA は，純資産の毀損を申立て要件としていた。これに対して，破産倒
産法は 10 万ルピー以上[1] の債権の不払（デフォルト）を申立て要件とし
て定め，手続開始に際して純資産の毀損の判断を要しないこととした。

(エ)　SICA は，BIFR の管理監督を受けるとはいえ，債務者が主導する手続と
しての側面を強く有していた。これに対して，破産倒産法は債権者（特に
金融債権者）の立場及び利益を重視し，債権者に対して広く手続への関与
を認めている。原則として金融債権者によって組織される債権者委員会に
は，債務者の再建又は清算の方向性を提案する権限が認められている。

(オ)　SICA は，原則として国営銀行等によって構成されるオペレーティング・
エージェンシーに債務者の再建計画案を作成する権限を与えていた。破産
倒産法はこれに代えて会社法審判所が選任する再建専門家（resdution pro-
fessional）という制度を設け，より専門的な見地から債務者の再建計画案
を作成することとした。再建専門家には，弁護士，勅許会計士や会社秘書
役等の専門家がなることが想定されている。

(カ)　SICA の手続は長期化することがしばしばあった。破産倒産法は手続の迅
速化を図ることを目的の 1 つとしており，原則として開始決定から 180
日以内に，債権者委員会により承認された再建計画案が会社法審判所に提
出されなければ清算手続に移行する旨が定められている（ただし，90 日間
の延長が 1 回に限り許容される。また，2019 年改正法により，再建手続に関して
争いがあり，法的手続が係属している場合には，当該手続に要する期間を含めて，
開始決定から最長 330 日まで延長が可能である旨が定められている）。

---

1)　本書脱稿時点。

⑷ 破産倒産法の手続の概要

㋐ 申立て手続

　破産倒産法のもとでは，日本の倒産法制とは建付が異なり，申立て段階で再建型手続と清算型手続の選択は行われない。申立人は，会社再建手続の申立てを行い，一定の期限を設けて再建が奏功しなかった場合に，清算手続に移行するという建付となっている。

　債務者が「デフォルト」に陥った場合，①金融債権者（financial creditor），②商取引債権者（operational creditor），及び，③当該債務者自身は，会社再建手続の申立てを行うことができる。ここで「デフォルト」とは，10万ルピー以上の債権の不払をいう。また，金融債権者とは，定義上，金融機関自体である必要はなく，借入れなどに基づく金融債権を承継した者を含む。したがって，貸付債権の譲渡を受けた者や，借入債務を主債務とする保証義務を履行し，借入人に対する求償権を取得した保証人も金融債権者として扱われると解される。

> ① 金融債権者が申立てを行う場合には，会社法審判所に対して，債務者のデフォルトにかかる疎明資料，暫定再建専門家の氏名，その他所定の資料を添付して行う必要がある。
> ② 商取引債権者が申立てを行う場合には，催告書（demand notice）又は支払督促を伴う請求書の写し（以下，催告書と合わせて「催告書等」と総称する）を債務者に送付し，催告書等の到着後10日以内に弁済がない場合に会社法審判所に対して催告書等の写し，当該債務を争う旨の債務者による通知がないことの商取引債権者の宣誓書等の資料を添付して申立てを行う必要がある。商取引債権者は暫定再建専門家の候補を上申することもできる。
> ③ 債務者自身が申立てを行う場合には，帳簿や暫定再建専門家の氏名，その他所定の資料を添付して行う必要がある。

　以上の申立てを受けて，会社法審判所は開始決定を行った場合には，合わせて保全命令，公告，暫定再建専門家の選任を行う。保全命令には，債務者に対する訴訟提起の禁止，判決や仲裁判断の執行を含めた訴訟等の中断，債務者に

よる資産処分等の禁止，担保権実行の禁止等が含まれる。なお，破産倒産法においては，日本法でいう別除権に相当する概念はなく，担保権者は，手続外で担保権の実行を行うことはできない。手続中の弁済を受けるためには，担保権者であっても，債権者委員会の承認が必要となっている。

　他方で，破産手続開始決定前の保全処分が認められている日本の破産法と異なり，破産倒産法では，申立てから開始決定前の間に債務者の財産を保全するための手当は定められていない。また，会社法審判所は，申立てから2週間以内に開始決定を行うか否かを判断するが，当該2週間の期限は目安に過ぎないとされたため，申立て案件の増加により当該期限はもはや実際には遵守されていない。この点について，2019年改正法は，会社法審判所は，2週間以内に開始決定の判断が行えない場合にはその理由を記録する義務を定め，理由なき開始決定の遅延を防ぐ手当を行っている。

(ｲ)　暫定再建専門家（interim resolution professional）の選任と職責

　会社法審判所は，手続の開始決定後14日以内に暫定再建専門家を選任しなければならない。債務者又は金融債権者が申立人の場合には，暫定再建専門家の候補者の氏名等を申立て時に提出することになっており，欠格事由等のない限り会社法審判所は原則として当該候補者を暫定再建専門家として選任する。商取引債権者が申立人の場合，暫定再建専門家の候補者の氏名等を提出することは必須ではなく，候補者の氏名等が提出されていない場合，会社法審判所は破産倒産委員会に照会し，その推薦を受けて暫定再建専門家を選任する。

　暫定再建専門家は，選任と同時に会社の資産の管理処分権を含む経営権を取得する。これはマネージング・ディレクターや取締役会の権限が剥奪されることを意味し，強力な効力といえる。もっとも，暫定再建専門家の基本的な職責は会社資産の価値の保全にあり，その任期も最長30日に限定されている。暫定再建専門家は，就任後，会社の通常業務を継続させつつ，今後の手続に必要な会社の各資産に関する情報を収集し，また，債権者からの債権の届出を受理する。そのために暫定再建専門家は会社の役職員の協力を求めることができ，さらに，会計士，弁護士その他の外部専門家の起用，暫定的な資金調達を行う権限も明示的に認められている。債権届出を受けて，この後に述べる債権者委

員会を組成することもその職責の1つである。

㈦　債権者委員会の組成

　破産倒産法において債権者委員会は，暫定再建専門家の職務を引き継ぐ再建専門家の選任，再建計画案の承認等の手続を通じて重要な役割を担う。債権者委員会は暫定再建専門家が受理した債権届出を検討，判断したうえで組成される。債権者委員会は原則として債務者の全ての金融債権者で構成される。

　ただし，債務者が金融債務を負担する「関連当事者」（related party）に債権者委員会に参加する権利はないという点に注意が必要である。「関連当事者」は破産倒産法で定義されているが広範であり，具体的には，債務者の取締役，当該取締役の親族，債務者に対して20％を超える議決権を通じて支配権を有する者，取締役会の構成について支配権を有する者，債務者に対して不可欠な技術情報を提供する者，が挙げられる。例えば，日本企業が関連会社であるインドの会社について，自己の貸付債権や親会社保証の履行に基づく求償権に基づき金融債権者としての立場から破産倒産法を活用しようとする場合でも，当該会社の「関連当事者」として，債権者委員会には参加することができず，手続への関与は限定的になると考えられる。

　また，債権者委員会における意思決定は債権額ベースの多数決で決せられる（破産倒産法施行当時は75％の多数決であったが，法改正により，原則として債権額ベースで過半数，再建計画案の承認といった一定の重要事項については66％の多数決となった）。そのため，10万ルピー以上の債権の不払があり，手続開始の申立てを行うことができたとしても，債権者委員会において多数を占めることができない場合には自己の意思を反映する方法で手続に積極的に関与することはできないといえる。さらに，破産倒産法においては万が一再建計画案が所定の期間内（原則として手続開始から180日以内）に債権者委員会の承認を受けて会社法審判所に提出されなかった場合には，清算手続に移行してしまい，その事業の継続が困難となり弁済率の低下の可能性が生じるなど，ダウンサイドリスクについても注意を払う必要がある。

　したがって，同法に基づく申立てにあたっては，適任者を暫定再建専門家の候補者として掲げることはもちろん，債務者申立てで行うにせよ，債権者申立

てで行うにせよ，想定される債権者委員会の構成及び再建の方向性に向けた票読みについてある程度の見通しをもって行うことが肝要である。

㈑ 再建計画案策定に向けた手続

① インフォメーション・メモランダムの作成

　再建計画案の策定のためには前提として再建債務者自体の情報や債権債務関係に関する情報が必要である。そこで暫定再建専門家及び第1回の債権者委員会で選任される再建専門家（resolution professional）が，インフォメーション・メモランダム（IM：information memorandum）を作成し，債権者委員会の各委員及び申立人に提供することとされている。

　まず第1回の債権者委員会までに，少なくとも以下の事項を含む IM を作成する必要がある。

(a) 開始決定日時点における再建債務者の資産及び負債
(b) 直近の年次財務諸表
(c) 直近2会計年度の監査済財務諸表及び申立日前から14日以内の当会計年度における臨時計算書類
(d) 債権者一覧
(e) 関連当事者との間の弁済期到来済みの債権又は債務
(f) 再建債務者の債務を主債務とする保証の詳細
(g) 1%以上の保有割合の株主の名称及び住所
(h) 重要な訴訟その他政府及び管轄官庁による係属中の調査又は手続
(i) 従業員数及び労働債務

　次に，第1回の債権者委員会から14日以内に以下の事項も含んだ IM を作成する必要がある。

(a) 再建債務者の清算価値
(b) その他再建専門家が債権者委員会に関連すると考える情報

② 再建計画案の策定

　再建計画案においては，再建の実行のための措置が規定され，例えば，資産の譲渡・売却，株式譲渡，合併，債務の支払猶予，債権カット，債務の株式化が含まれる。

　また，再建計画案には，手続費用（優先弁済の対象となる），清算価値相当分（商取引債権者への弁済が金融債権者への弁済に優先する）にかかる弁済原資を明記しなければならない。さらに，再建計画の期間及び実行スケジュール，当該期間中の再建債務者の経営体制並びに再建計画実行の監督方法も必要的記載事項である。

　再建専門家は提出された再建計画案が，必要的記載事項を満たしているか，内容が法令に抵触していないか，その他破産倒産委員会の指定する要件を充足しているかを審査し，再建計画案を債権者委員会に提出する。

③ 再建計画案の提出資格

　破産倒産法においては，元々，再建計画案の提出権者（resolution applicant）に制約はなかったため，制度上，企業を倒産に陥れたようなプロモーターが債権カット等の債権者の負担を強いて再度経営陣に戻るということが可能であった。しかし，事業の再建のみならず，経営陣自身の「敗者復活」については金融機関を中心に抵抗感が強く，破産倒産法施行後の実務上の論点の1つであった。そうした中，2017年11月23日付けの大統領令（the Insolvency and Bankruptcy Code（Amendment）Ordinance, 2017）により一定のプロモーターやその関連当事者に対する再建計画案の提出が禁止される修正がされた。

　その後の冬季国会では当該修正を法制化するために改正法が審議され，2018年1月2日に破産倒産法改正法（the Insolvency and Bankruptcy Code（Amendment）Act, 2018）として上院で可決されたことを受けて成立した[2]。これにより上記大統領令が廃止され，改正法は当該大統領令と同じ2017年11月23日を施行日とすることになった。制度趣旨と枠組みは概ね上記大統領令と同じであるが，主な調整点として，再建計画案の提出資格がないプロモーターであっても債務の全額を返済すれば再建計画案を提出できることの明確化，

---

2) 官報公告は同月18日付け。

当該返済について債権者委員会の許可により 30 日間の猶予が与えられ得ること，債務者の保証人はおよそ再建計画案の提出資格がなくなるのではなく，自らの債権者の申立てが承認されて開始された再建手続に限り提出資格を欠くことといった点が挙げられる。

　今後は，再建計画案の提出者に提出資格があるのかどうかを精査する必要があるとともに，入札が競合するような案件では再建計画案の提出者同士で提出資格に関する争いが生じて手続の遅延につながるケースも生じている。

④　再建計画案の承認及び認可

　債権者委員会は提出された再建計画案を債権額ベースで 66％ 以上の多数決で承認する（必要に応じて原案を修正のうえで承認されることがある）。再建専門家は債権者委員会の承認を受けた再建計画案を会社法審判所に提出し，会社法審判所が再建計画案が各要件を満たしていることを確認できた場合はこれを認可し，それにより再建計画の利害関係人に対する拘束力が生じる。なお，会社法審判所の審査は原則として形式要件の審査であるが，コモンローの法体系のもと，債権者間の弁済の配分に係る衡平（equity）の見地から会社法審判所が再建計画案の修正を求めることもあり得る。

　所定の期間内に再建計画案が会社法審判所に提出されなかった場合，又は会社法審判所が再建計画案を却下した場合，手続は清算手続に移行する。

　以上述べたとおり，再建計画案の策定にかかる法定の手続自体は複雑ではない。しかし，実際には限られた期間の中で再建債務者の外部者である暫定再建専門家及び再建専門家が当該会社の全容を把握し（かつその間，会社の資産の管理処分権を含む経営権に基づき企業価値を毀損しないよう会社を運営する），IM を作成することは相当の困難を伴うはずである。さらに限られた期間で作成された IM に基づき最適な再建スキームを柱に据えた再建計画案を策定できるかどうかが再建の実行可能性を左右する。この点は経営陣が直ちに経営権を失わず再生計画案を主体的に策定する日本の民事再生手続と大きく異なる。

　このように倒産処理の迅速性と表裏の関係にある時間的制約及び債務者側が手続を主体的にコントロールすることに制度的制約のある中では，特にスポンサー型の再建を想定する場合，手続外で事前にスポンサー候補との間である程度資金支援や再建スキームに関する条件が詰められた，いわゆるプレパッケー

ジ型（同様の文脈でプレネゴシエイテッド型と呼ばれることもある）の再建が活用される余地が十分にあるように思われる。

なお，近時においては，外国における倒産手続の効力を国内においても及ぼすことで，国際的に調和のとれた倒産処理を実現することを主眼とした，いわゆる国際倒産に関する UNCITRAL モデル法を採用する方向での法改正も検討されているが，導入時期は未定である。

(5) 破産倒産法と銀行の不良資産処理

破産倒産法は，債務者にとっての債務の迅速な整理による事業の価値毀損の回避と債権者にとっての不良債権の早期回収といった倒産法制としての役割を持っており，海外投資家がインドに対する投資検討の際の指標を向上させるという意味合いがある。同時に，その手続は債権者による手続関与に相応に配慮した設計となっており，金融債権者としての銀行の不良資産処理を進めるという政策的な期待も込められている。

しかし，限られた時間で再建計画を策定するためには現実的には債務者の協力が重要である制度の下で，銀行主導の手続の進行については債務者の抵抗も予想され，破産倒産法の施行後も手続の活用について銀行の消極的姿勢も想定されてきた。

そうした中，銀行規制に関する大統領令（The Banking Regulation (Amendment) Ordinance, 2017）（以下「本大統領令」という）が2017年5月4日付けで発布され即日施行されたことは，遅延しがちな銀行による不良資産処理をインド準備銀行（RBI）の銀行に対する指導権限を介して一気に進めようとする政策的意図が窺われる。また，本大統領令を受けて，RBI は翌日の2017年5月5日付けで「不良資産処理のタイムライン」（Timelines for Stressed Assets Resolution）と題する告示（Circular）（以下「本告示」という）を発行した。

本大統領令の内容は，1949年銀行規制法（The Banking Regulation Act, 1949）の 35A 条の後に，35AA 条及び 35AB 条を加えるというものである。35AA 条において，RBI が銀行（any banking company or banking companies）に対し，（債務者の）デフォルトに関して破産倒産法に基づく手続開始の申立てを命令する権限を付与する旨規定されている。ここでの「デフォルト」とは破産倒産法に

おける「デフォルト」と同義であることが明記されており，現行法上，会社に関していえば 10 万ルピー以上の債権の不払をいう。35AB 条においては RBI が不良資産の処理について銀行に対して命令を発することができる旨が規定されている。いずれの場合もいわゆるノンバンクの金融事業会社（NBFC）が RBI の権限の対象に含まれるかは明確ではない。

　なお，上記の内容は簡潔な条項であるが，本大統領令の前文には，銀行システムの不良資産が受け入れがたいほどの高水準（unacceptably high levels）にあり，その処理に早急な施策が求められているという背景が示され，RBI への権限付与によって，破産倒産法が有効に活用できるという目的が明記されており，政府の危機意識が窺われるという点においても興味深い。本大統領令は正式に銀行規制法の改正法として立法化された。

⑹　破産倒産法における上場会社の倒産処理

　インドにおいて，破産倒産法に基づく手続開始の申立て又は当該手続の開始に伴い，上場会社が上場廃止になる旨の明確な上場廃止基準はない。既にいくつかの上場会社について破産倒産法の再建手続が係属しているが，上場が廃止されていることは窺われない。上場会社の倒産の場合，特に少数株主の利益の保護という問題も生じ得る。

　上場会社は負債の額の大きさもさることながら，利害関係人も多岐にわたり，事業価値の毀損を回避する迅速な処理と綿密な利害調整が求められるため，不良債権処理という観点でみてもその倒産処理実務の確立は重要な課題になる。

⑺　不良債権処理に関する RBI の私的整理ガイドライン

　インドでは，銀行及び金融機関の不良債権処理に関する私的整理スキームとして，RBI がガイドラインを策定し運用を行ってきた。その中には，例えば，Corporate Debt Restructuring（CDR），Strategic Debt Restructuring（SDR），Scheme for Sustainable Structuring of Stressed Assets（S4A）といった私的整理スキームが存在した。

　RBI は，2018 年 2 月 12 日付けで "Resolution of Stressed Assets—Revised Framework"（以下「改訂私的整理スキームガイドライン」という）を発出した。こ

れは，従前の私的整理スキームを廃止し，代わって，不良債権の早期把握を図り，私的整理スキームの中での再建計画の策定のタイムラインを引いて，これに間に合わない会社について破産倒産法下での処理に誘導しようとするものであった。

改訂私的整理スキームガイドラインは，2018年3月1日以降に支払不能額が200億ルピー以上の大口不良債権先である会社について，支払不能に陥った日から180日以内に再建計画を実行することを定め，それができない場合，貸付人は当該会社について当該期限の満了から15日以内に破産倒産法に基づく再建手続開始の申立てを行わなければならないとしていた。

しかしながら，改訂私的整理スキームガイドラインは，貸付人に再建手続開始の申立てを強制する点で問題視されており，2019年2月に最高裁判所によって無効とされた。現状では，2019年6月7日付けの "Prudential Framework for Resolution of Stressed Assets" が私的整理の有効なガイドラインである。当該ガイドラインにおいては，問題となっていた貸付人に再建手続開始の申立てを強制する規定はない（もっとも，RBIが，具体的な案件の必要に応じて，個別に貸付人に対して特定の不良債権先について再建手続開始の申立てをすべきことを命令する権限は留保されている）。他方，180日の再建計画実行期間の前に，30日間のReview Period が設定され，また，再建計画の実行が遅れた場合には，貸付人に追加引当金の計上を求める建付とされている。

おわりに

　本書は，インドに進出する日系企業を念頭に特にインドビジネスにかかわる
法務について書かれたものである。その意味では日本からインドに対するベク
トルの，しかも法務に限定した内容に過ぎない。

　日本とインドとの関係を考えた場合，様々な視点があり得る。

　特に日本とインドの国家政府レベルの関係は，近年最も近くなっているとい
える。安倍晋三首相とナレンドラ・モディ首相のトップレベルの友好な関係を
背景に，高速道路整備等の国家レベルのインフラ開発プロジェクトにおける経
済面での協力関係のみならず，日本の海上自衛隊とインド海軍との共同訓練，
さらにアメリカ海軍を交えた海上合同演習を含めた国防上の協力関係も構築さ
れつつある。日本からの政府開発援助（ODA）の金額をみても，インドは
2018年の国別支出総額1位に位置づけられている。

　他方，民間レベルでの日印関係が同じレベルで活性化されているかというと，
残念ながら，そのような評価は現時点では難しいと考えられる。リーマン危機
直後のインド経済への期待も背景にいくつかの大型投資案件があった以降，進
出日系企業数やインドへの投資額等の統計からは，日本からインドへの投資が
積極的に行われていることはみてとれず，またその感覚は，インドに進出済み
の日系企業担当者の生の声を聞いても，やはり同様である。

　とはいえ，経済の専門家の意見を聞くまでもなく，インド市場の成長と潜在
性には疑いのないところである。さらにいえば，インドを単に，モノやサービ
スを売る消費市場として捉えるだけであるとするとそれすらも短期的な見方な
のかもしれない。現在，インド政府が推し進める "Make in India" に示される
ように，製造拠点となることはもちろんのこと，人材の供給，最先端技術の開
発拠点，グローバルなビジネスハブとしての姿を思い描いた場合，様々な戦略
が描ける可能性を秘めているといえるのではないだろうか。そうだとすれば，
問題は，「いつ」進出するかのみならず，「どのように」進出するかが長期的な
戦略として不可欠である。インド市場は難しい，インドの法令は難解だ，イン
ド人との交渉はタフだ，と目の前にあるインドだけをみるならば進出しない理

由を並べることは容易にできる。また，我が身をインドに置いて周りを見渡した場合，上記で述べたような可能性について到底実感が持てないかもしれない。しかし，それらは将来の成功のため，時間をかけて乗り越えるべきハードルに過ぎない（インド人自身でさえ，"Nothing is impossible in India." とインドのことを表現することもある）。インド経験者が，5年，10年後にインドを振り返った場合，当時は想像できなかったほどめざましく発展したという実感を持つこともまた事実であろう。これは，インドにおいてはむしろ長期的な視野で俯瞰した戦略を描きつつ，現場においても時間，費用，労力をかけることが成功に必要であるという考え方に繋がる。

その意味で，企業としても，インド事業に関しては，これまでの中国，東南アジア等の他の新興国での事業と同視せず予算や人材配置を考える必要がある。また，中国や東南アジアに比べ歴史的にみても，日本はインドにおける経験値が低いが故，短期的な動向に目を奪われず，5年ないし10年（若しくはそれ以上）の単位で戦略を考え，企業のリソースを配分することが求められている。当然，市場規模から考えても，現地の駐在員や本社担当者個人レベルで対応するには限度がある。企業のトップが会社の進むべき道を方向づけ，日本の強みであるチーム力をもって取り組むことが必要であり効果的であるように思われる。

併せて，人種，歴史，宗教，言語，文化，価値観，どのような面をとっても，日本人とインド人の間には，非常に大きな「違い」が存在している。そのインドにおいて事業をする以上，そのような「違い」をまずは素直に受け入れ，その背景を学ぶ謙虚な姿勢が求められる。

以上のような大きな流れのなかで，本書が，インドの法務面に関する日系企業関係者による理解の一助となれば幸いである。

2020 年 7 月

西村あさひ法律事務所

事項索引

インドのビジネス法務

2020 年 8 月 30 日　初版第 1 刷発行
2020 年 11 月 15 日　初版第 2 刷発行

編　者　　西村あさひ法律事務所

発行者　　江　草　貞　治

発行所　　株式会社 有　斐　閣
　　　　　　　郵便番号 101-0051
　　　　　東京都千代田区神田神保町 2-17
　　　　　電話　(03)3264-1314〔編集〕
　　　　　　　　(03)3265-6811〔営業〕
　　　　　http://www.yuhikaku.co.jp/

印刷・株式会社理想社／製本・牧製本印刷株式会社
© 2020, 西村あさひ法律事務所. Printed in Japan
落丁・乱丁本はお取替えいたします。

★定価はカバーに表示してあります。

ISBN 978-4-641-04826-3